INCH

반끼면
충분해

조금만 먹어도 배가 부르다! 맛있게 먹어도 살이 안 찐다!

반끼면 충분해

1판 1쇄 발행 2018년 4월 20일

지은이 | 이밥차 요리연구소
펴낸이 | 김선숙, 이돈희
펴낸곳 | 그리고책(주식회사 이밥차)

주소 | 03720 서울특별시 서대문구 연희로 192 2층(연희동 76-22, 이밥차 빌딩)
대표전화 | 02-717-5486~7 **팩스** | 02-717-5427
이메일 | editor@andbooks.co.kr
홈페이지 | www.andbooks.co.kr
출판등록 | 2003년 4월 4일 제10-2621호

본부장 | 이정순
편집 책임 | 박은식
편집 진행 | 심형희, 양승은, 윤단아
요리 진행 | 이밥차 요리연구소 노고은, 최문경
마케팅 | 남유진, 권지은
영업 | 이석원
경영지원 | 차은영, 윤나라
교열 | 김혜정
디자인 | 넘버나인 임병천, 이동헌

값 12,800원

ISBN 978-89-97686-94-0 13590

반끼면 충분해

조금만 먹어도
배가 부르다
맛있게 먹어도
살이 안 찐다!

이밥차 요리연구소 지음

그리고책
andbooks

Prologue

식탁이 가벼워지면 내 몸도 가벼워진다!
지치지 않는 다이어트를 위한 〈반끼면 충분해〉

"나 내일부터 다이어트할 거야."
이 말을 핑계로 우리는 얼마나 많은 최후의 만찬을 즐겨왔던가요.
마지막이라는 심정에 과식, 아니 폭식까지 해놓고
막상 다이어트는 길게 이어지지 않았어요.
차라리 평소대로 먹었으면 별일 없었을 텐데…
주기적으로 번복된 결심, 딱 그만큼 반복된 최후의 만찬은
셀룰라이트 정착에 혁혁한 공을 세웠어요.

"그럴 거면 그냥 다이어트를 하지 마~"
주변의 빈정대는 말에 분해 더더욱 포기하기 싫어지는 다이어트.
보란 듯이 성공하리라 다짐하지만 우리는 알잖아요.
맛없는 다이어트 식단으로는 이 끝없는 다짐에서 영영 헤어날 수 없다는 걸.
먹는 건 제대로 먹고 운동으로 빼라는 잔소리도 지겨워요.
헬스장만 가도 트레이너들이 가장 먼저 시키는 게 식단 조절인걸요.

"평소처럼 먹으면서 살을 뺄 순 없을까?"
이밥차 요리연구소는 터무니없이 적고 맛없는 다이어트식의 편견을 깨기로 했어요.
염분, 당분이 조금이라도 들어가면 죄악시되는 다이어트 풍토가
일반인들에겐 너무 엄격한 잣대라고 생각했거든요.
그 결과 평소 먹던 식단에서 양념과 양을 조금만 덜어내고,
다이어트에 도움이 되는 천연 식재료들로 '반끼면 충분한' 레시피를 완성했답니다.
맛과 영양은 챙기면서, 몸은 가벼워지는 효과를 누려볼까요?
결심만으로 스트레스가 치솟는 다이어트의 늪에서 벗어나게 해드릴게요.

이밥차 요리연구소

〈반끼면 충분해〉 사용설명서

칼로리 분량대로 만들었을 때의 총칼로리 대신, 1인분 또는 1회 분량의 칼로리가 적혀 있어요.

선택 재료 비슷한 재료로 대체하거나 아예 생략 가능해요. 입맛에 따라 준비해주세요.

양념장 음식 만들기 최소 30분 전에 미리 섞으면 양념장이 숙성되어 더욱 맛있어져요.

필수 재료 요리에 필요한 핵심 재료예요. 빠짐없이 준비해주세요.

343
닭가슴살고구마보트
고구마는 탄수화물이 높은 반면 혈당지수(GI)는 55로 낮은 편이에요. 구우면 당이 올라가 칼로리가 높아지기 때문에 쪄서 사용해요.
다이어트 단골 재료 두 가지로 밥 대신 먹기 좋은 한 끼를 만들었어요.
부드러운 고구마 속에 담백한 닭가슴살을 가득~ 사실 요건 다 같이 먹어야 맛있어요.
새콤 묵직한 바비큐소스에 달콤하고 포근한 고구마,
날아갈 듯 상큼한 소스가 제대로 어우러지거든요.
142
143

조리법 사진만 보고도 따라 할 수 있도록 쉽고 자세히 수록했어요.

Tip 요리 과정에 도움이 되는 세세한 가이드예요.

분량 완성된 음식의 양이에요. 몇 인분 또는 몇 회 분량 등으로 적혀 있어요.

CONTENTS

Part 3

살 안 찌는 핑거 푸드&면 요리

Part 4

고단백 저탄수 육류&해물 요리

Part 5

내 몸을 위한 드링크&디저트

Intro

오늘부터
반끼면 충분해

반복되는 다이어트 결심과 시도, 그리고 실패.
뫼비우스의 띠처럼 영원히 반복되는 다이어트는
우리에게 떼어낼 수 없는 숙명이에요.
맛없는 다이어트 식단에 더 이상 스트레스 받지 마세요.
맛과 영양은 그대로~ 칼로리만 확 줄인 레시피로
지치지 않는 다이어트를 시작해보세요.

정말 반끼면 충분해?!

무턱대고 굶는 다이어트에 지친 당신! 자꾸 불어나는 나잇살에 지친 당신!
꾸준히 실천할 수 있는 저칼로리 레시피 〈반끼면 충분해〉로 다이어트 꽃길만 걸어보세요.

Q1 살찌는 체질로 바꾸는 굶는 다이어트?

다이어트를 위해 지나치게 칼로리를 제한하다 보면 살이 잘 찌는 체질로 바뀔 수 있어요. 보통 운동으로 빼는 것보다 훨씬 단기간에 효과를 볼 수 있기 때문에 애용하는 방법인데요. 초저칼로리 식단을 유지하면 신체가 그 정도의 칼로리만으로 대사를 운용하는 데에 익숙해져요. 그렇기 때문에 기초대사량이 떨어진 상태에서 평범한 식단으로 돌아가면 다시 요요가 올 수밖에 없죠. 또한 극도로 칼로리를 제한하면 부족한 에너지를 근육에서 꺼내 쓰느라 근손실까지 불러 일으켜 이중으로 살이 찌기 쉬운 체질로 변해버린답니다. 다이어트 중인 여성의 경우 하루에 1200칼로리 이상을 챙겨줘야 하는 이유예요.

A1

초저칼로리 다이어터들 중에는 고단백저탄수(아예 탄수화물은 안 먹는 경우도!) 식단을 따르는 경우가 많아요. 군살의 주범인 탄수화물을 줄이면 눈에 띄게 살이 빠지고, 단백질이 풍부한 식사는 양에 비해 포만감이 높거든요. 하지만 단백질 위주의 식사는 콜레스테롤 수치를 높이고, 통풍, 신장질환의 발생률을 증가시킬 수 있어요. 〈반끼면 충분해〉에 있는 고단백 육류 · 해물 요리와 밥 · 면 · 빵 등을 활용한 저칼로리 탄수화물 요리를 적절히 분배하여 균형 잡힌 다이어트 식단을 짜보세요.

Q2 먹는 건 그대론데 자꾸 살이 찌는 '나잇살'

중년 이후, 빠르면 30대 초반부터, 평소 먹던 식단을 유지해도 살이 찌는 '나잇살'에 유의해야 해요. 성장호르몬 덕분에 키로 갈 여지가 있던 성장기와 달리 기초대사량이 점점 떨어지게 되거든요. 또한 여성의 경우 여성호르몬이 줄어들수록 피하지방 대신 내장지방으로 축적돼 고혈압, 고지혈증, 당뇨를 비롯한 각종 성인병에 취약해져요. 팔다리는 얇아지는데 배만 볼록하게 나오는 증상 또한 나잇살의 신호!

A2

나잇살을 예방하기 위해선 불필요한 칼로리 섭취를 줄이고 단백질과 각종 무기질, 건강한 탄수화물과 불포화지방 등 균형 잡힌 식단에 신경을 써야 해요. 영양소와 포만감은 챙기고 칼로리는 확 낮춘 〈반끼면 충분해〉와 함께라면 나잇살도 극복할 수 있답니다. 평소 식사량, 운동량에 따라 목표 칼로리를 정하고 삼시 세끼 원하는 반끼 레시피를 고르면 끝! 매일매일 목표 칼로리 달성하는 게 정말 쉬워져요.

나의 식습관 유형은?

다이어트라는 혹독한 전쟁에서 승리를 쟁취하기 위해선 우선 나를 파악하는 게 가장 중요해요. 나의 식습관은 어떤 유형에 속하는지 곰곰이 살펴봐요.

들쑥날쑥형 평소 일이나 생활 패턴이 불규칙해 식사도 불규칙하게 하는 유형. 굶었다가 한 번에 많이 먹어 폭식을 유발할 수도 있고, 기초대사량을 떨어뜨려 살이 잘 찌기 쉬운 체질로 변할 수 있다. 규칙적인 생활을 하는 게 가장 급선무이지만, 그게 힘들다면 끼니가 될 만한 과일이나 선식 등 몸에 좋은 간식을 섭취하며 공복을 피한다.

주전부리형 밥은 깨작깨작 먹고 과자, 빵 등에 하루 음식 섭취를 의존하는 유형. 주로 간편하게 먹는 가공식품은 트랜스지방, 포화지방, 당류 등의 지수가 높아 영양가치에 비해 열량만 높다. 결국 기초대사량이 떨어져 먹는 양에 비해 살이 잘 찌는 체질로 변하게 된다. 이럴 땐 식사를 끝내야 간식을 먹을 수 있도록 스스로 룰을 정하고, 간식은 과일이나 채소, 무가당 요거트 등 건강식품으로 대체한다.

반주형 맛있는 음식을 먹을 때면 술을 꼭 곁들이는 유형. 반주를 즐기는 사람들은 보통 낮과 밤을 가리지 않는 편이다. 알코올에는 식욕을 억제하는 렙틴이라는 호르몬을 감소시켜 과식을 유도한다. 또한 알코올 자체도 열량이 매우 높고 안주는 대개 자극적이거나 칼로리가 높은 경우가 많아 살을 찌게 하는 주범이다. 이런 경우 술 자체를 최대한 줄이는 게 좋다. 술자리를 자제하고, 집에서 혼자 반주를 즐기는 편이라면 아예 술을 구비해 놓지 않는다.

몰래 폭식형 여러 요인에 의해 가까운 사람들 앞에서 식탐을 숨기는 유형. 타인이 있을 때는 눈치를 보며 자제하다가, 혼자 남게 되면 억눌려 있던 식욕을 고칼로리의 음식을 섭취하며 해소한다. 먼저 자신의 증상을 자각하는 게 가장 중요하고, 심리적인 요인이 크기 때문에 심한 경우라면 의사의 상담을 받아보길 권한다.

야식형 밤 10시 이후 야식을 주기적으로 즐기는 유형. 치킨, 피자, 족발 등 밤에도 배달이 되는 야식이나 간단하게 끓여 먹을 수 있는 라면을 주로 섭취한다. 이런 음식들은 포화지방과 나트륨 함량이 높아 밤에 먹으면 특히 치명적. 야식은 결국 습관이기 때문에 덜 자극적인 음식으로 양을 줄여가며 먹다가 완전히 끊는 방향으로 연습해 나간다.

식습관을 바꾸려면, 식단 일기를 써요!

하루의 식단을 한눈에 확인할 수 있는 '식단 일기'를 작성해보세요.
무의식적으로 먹었던 가공식품이나 간식을 자제하는 습관이 길러져요.

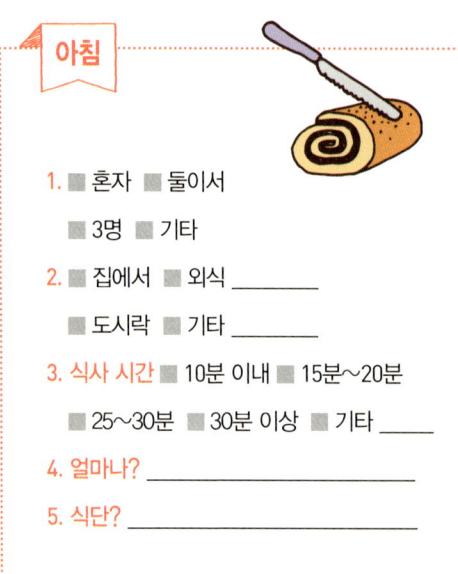

아침

1. ■ 혼자 ■ 둘이서
   ■ 3명 ■ 기타
2. ■ 집에서 ■ 외식 ________
   ■ 도시락 ■ 기타 ________
3. 식사 시간 ■ 10분 이내 ■ 15분~20분
   ■ 25~30분 ■ 30분 이상 ■ 기타 _____
4. 얼마나? ________________________
5. 식단? ________________________

점심

1. ■ 혼자 ■ 둘이서
   ■ 3명 ■ 기타
2. ■ 집에서 ■ 외식 ________
   ■ 도시락 ■ 기타 ________
3. 식사 시간 ■ 10분 이내 ■ 15분~20분
   ■ 25~30분 ■ 30분 이상 ■ 기타 _____
4. 얼마나? ________________________
5. 식단? ________________________

저녁

1. ■ 혼자 ■ 둘이서
   ■ 3명 ■ 기타
2. ■ 집에서 ■ 외식 ________
   ■ 도시락 ■ 기타 ________
3. 식사 시간 ■ 10분 이내 ■ 15분~20분
   ■ 25~30분 ■ 30분 이상 ■ 기타 _____
4. 얼마나? ________________________
5. 식단? ________________________

간식

1. ■ 혼자 ■ 둘이서
   ■ 3명 ■ 기타
2. ■ 집에서 ■ 외식 ________
   ■ 도시락 ■ 기타 ________

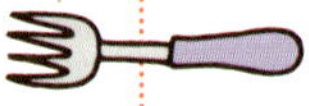

4. 얼마나? ________________________
5. 종류? ________________________
6. 먹은 이유? ■ 출출해서 ■ 입이 심심해서
   ■ 그냥 먹고 싶어서 ■ 기타 ________

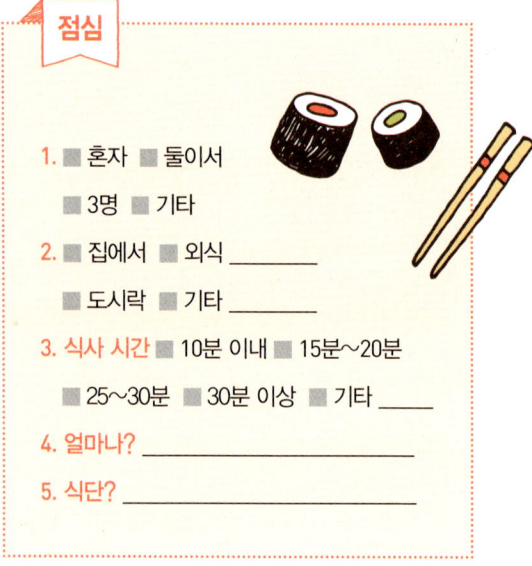

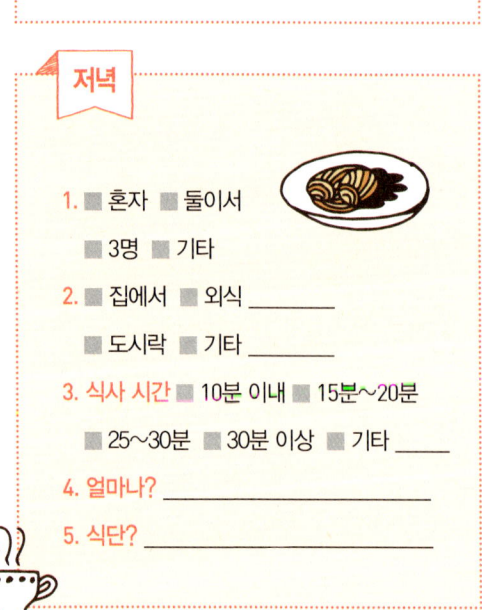

감정적 식사 탈출하기

단순히 영양과 배를 채우기 위한 활동이 아니라 오직 '만족감'을 위해 음식을 먹는 것을 가리켜 '감정적 식사(Emotional Eating)'라고 해요. 진단부터 피하는 요령까지 한번 살펴볼까요?

나도 감정적 식사를 하는 사람인지 아래 항목에 체크해보세요.

- ■ **배고프지 않아도 먹을 걸 찾아서 먹는다.**
- ■ **스트레스를 받을 때 먹는 걸로 푼다.**
- ■ **좋은 일이 생기면 음식으로 자신에게 보상한다.**
- ■ **음식이 있으면 자제가 안 된다.**
- ■ **기분이 가라앉았을 때 음식을 먹으면 기분이 좋아진다.**

한두 개만 해당되어도 감정적 식사를 하는 경우에 속해요. 체크를 하나도 하지 않은 사람이 드물 정도로 많은 현대인들이 감정적 식사를 하고 있는데요. 다음은 세계적인 명상가 틱낫한 승려가 소개한 감정적 식사를 피하는 요령 몇 가지예요. 크게 어렵지 않으니 하나씩 천천히 따라서 실천해 보세요. 음식을 대하는 태도와 마음가짐, 먹는 태도에 답이 있다고 하네요. 몸이 아니라 마음을 바꾸다보면, 무분별했던 식습관을 바꿀 수 있을 거예요.

1. 장을 볼 때 정말 필요한 항목인지, 건강한 음식인지 한 번 더 생각하고 장바구니에 담아요.
2. 허기가 심하면 과식의 위험이 높아져요. 적당히 출출해질 즈음 식사를 해요.
3. 스마트폰을 멀리 두고, TV도 끄고 식사를 시작하세요. 맛과 향기, 씹는 횟수 등에 집중하면서 음식을 느껴요.
4. 한입 가득은 자제하세요. 음식을 조금씩 먹으면 같은 양이라도 맛을 더 여러 번 느낄 수 있어요.
5. 씹는 동안 음식을 미리 뜨지 말고 수저를 내려놓으세요. 음식을 모두 삼킨 후 다시 수저를 들면 식사를 천천히 하는 데 도움이 돼요.

쉽고 자세한 샐러드 기본 공식

기본만 지키면 버리는 것 하나 없이, 밍밍하지 않고 더욱 맛있게 샐러드를 즐길 수 있어요.
각종 샐러드에 활용하기 좋은 다이어트 기본 드레싱도 배워볼까요?

1 손질부터 시작

대부분의 샐러드 채소는 칼로 자르면 갈변되고 무르기 쉬워 손으로 뜯는 게 좋아요. 한입 크기로 뚝뚝 뜯어 주세요.

예외는 있어요. 양배추나 케일처럼 두껍고 질긴 채소는 칼을 사용해도 좋아요.

2 깨끗하게 씻어요

흐르는 물에 한 장씩 깨끗이 헹궈요. 믹스샐러드처럼 이미 잘라 놓은 채소는 물에 담가 흔들어 헹구세요.

3 아삭하게 먹으려면

사용하기 전 찬물이나 얼음물에 담가두세요. 단, 너무 오래 두면 영양소가 빠져나가니 20분 정도만!

4 물기 제거는 필수

체나 채반에 밭쳐 흔들어 물기를 빼고 남은 물기는 키친타월로 톡톡 두드려요. 탈수기를 사용해도 좋지만 어린잎채소처럼 여린 잎은 피하는 게 좋아요.

5 드레싱은 뿌리지 말고 찍어서

샐러드드레싱은 뿌리지 않고 조금씩 찍어 먹어요. 칼로리를 확 줄일 수 있어요.

6 채소가 남았다면

밀폐용기나 지퍼백에 젖은 키친타월과 물기를 뺀 샐러드채소(1줄 정도)를 번갈아 담아요. 너무 세게 눌러 담으면 쉽게 무르니 살살~ 적어도 4일 안에는 드세요.

다이어트 기본 드레싱

레몬오일 드레싱

설탕(0.5)+레몬즙(1.5)+올리브유(3)+소금(0.1)+후춧가루(0.1)+허브가루(0.2)

신선한 날생선이 들어간 샐러드나 해물샐러드에 곁들이세요.
향이 있는 채소(셀러리, 고수, 다양한 쌈채소)와도 잘 어울려요.

오리엔탈 드레싱

다진 양파(2)+설탕(0.5)+간장(2)+식초(1)+올리브유(2)+부순 참깨(0.5)+후춧가루(약간)

파스타 샐러드나 뿌리채소 샐러드와 단짝이에요.
노릇하게 구운 채소나 두부, 고기에도 잘 어울려요.

5분이면 충분한 풀죽은 잎채소 살리기

시들시들 축 처진 채소, 버리자니 아깝고 먹자니 덜 신선해 보이죠?
세 가지 방법으로 시든 잎채소를 되살리세요.

얼음물

수분이 빠져 힘이 없다면
차가운 얼음 마사지로 탄력을 더해요!

How to
볼에 채소가 잠길 만큼
넉넉하게 물을 붓고
얼음(적당량)과 채소를
5분간 담가 마무리.

설탕+식초물

집에 얼음이 없다고요?
설탕과 식초 두 가지만 있어도 해결돼요.

How to
볼에 물(1.5), 설탕(0.5),
식초(0.2)를 넣은 뒤
채소를 5분간
담가 마무리.

50℃ 세척법

일본에서 유행하는 50℃ 세척법. 시든 채소를 50℃의 따뜻한 물에 담그면 순간적인 열충격으로 채소의 숨구멍이 열리게 돼요. 그 사이로 수분을 쏘~옥 흡수해 숨죽은 채소가 싱싱해진답니다. 온도를 맞추는 게 가장 중요해요.

온도계가 있다면?

볼에 50℃로 맞춘
물을 붓고 채소를
넣어 1~2분간
담가 마무리.

온도계가 없다면?

1 팔팔 끓인 물과 찬물을 1:1로 준비하고,
Tip 수돗물을 틀었을 때 나오는 가장 차가운 물이면 OK!
2 볼에 물을 섞은 뒤 채소를 넣어 1~2분간 담가 마무리.
Tip 물에 담근 뒤 손으로 살짝 흔들어주세요.
Tip 바로 먹지 않는다면 키친타월로 살짝만 닦아 밀폐 용기에 담아 보관하세요. 세척 전보다 수명이 늘어나요.

밥숟가락으로 계량하기

가루 분량 재기

설탕(1)

숟가락으로 수북이 떠서 위로
볼록하게 올라오도록 담아요.

설탕(0.5)

숟가락의 절반 정도만
볼록하게 담아요.

설탕(0.3)

숟가락의 $\frac{1}{3}$ 정도만
볼록하게 담아요.

액체 분량 재기

간장(1)

숟가락 한가득
찰랑거리게 담아요.

간장(0.5)

숟가락의 가장자리가 보이도록
절반 정도만 담아요.

간장(0.3)

숟가락의 $\frac{1}{3}$ 정도만
담아요.

다진 재료 분량 재기

다진 마늘(1)

숟가락으로 수북이 떠서
꼭꼭 담아요.

다진 마늘(0.5)

숟가락의 절반 정도만
꼭꼭 담아요.

다진 마늘(0.3)

숟가락의 $\frac{1}{3}$ 정도만
꼭꼭 담아요.

장류 분량 재기

고추장(1)

숟가락으로 가득 떠서 위로
볼록하게 올라오도록 담아요.

고추장(0.5)

숟가락의 절반 정도만
볼록하게 담아요.

고추장(0.3)

숟가락의 $\frac{1}{3}$ 정도만
볼록하게 담아요.

종이컵으로 분량 재기

육수(1컵=180㎖)

종이컵에 가득 담아요.

육수($\frac{1}{2}$컵=90㎖)

종이컵의 절반만 담아요.

밀가루(1컵=100g)

종이컵에 가득 담아 윗면을 깎아요.

다진 양파(1컵=110g)

종이컵에 가득 담아 윗면을 깎아요.

아몬드($\frac{1}{2}$컵)

종이컵의 절반만 담아요.

멸치(1컵)

종이컵에 가득 담아요.

눈대중으로 분량 재기

애호박($\frac{1}{2}$개=100g)

양파($\frac{1}{4}$개=50g)

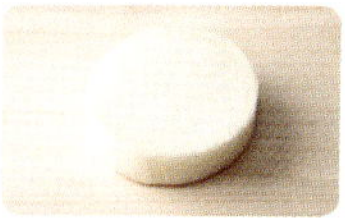

무(1토막=150g)

당근($\frac{1}{2}$개=100g)

대파 흰 부분(1대=10cm)

마늘(1쪽=5g)

생강(1톨=7g)

돼지고기(1토막=200g)

손으로 분량 재기

콩나물(1줌)

손으로 자연스럽게 한가득 쥐어요.

시금치(1줌)

손으로 자연스럽게 한가득 쥐어요.

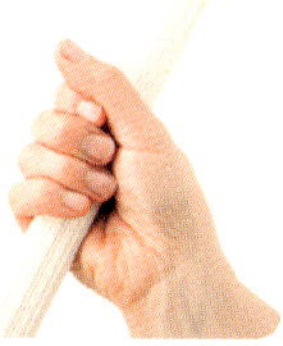

국수(1줌=1인분)

500원 동전 굵기로 가볍게 쥐어요.

쉽게 다지기

양파 다지기

꼭지부분을 0.5cm 정도 남기고 결을 따라 길게 칼집을 넣어요.

직각으로 돌려 썰어요.

칼로 조금 더 잘게 다져요.

마늘 다지기

마늘 꼭지를 제거해요.

칼등으로 눌러 으깨요.

직각으로 돌려 썰어요.

대파 다지기

대파는 끝을 0.5cm 정도 남기고 결대로 길게 칼집을 넣어요.

직각으로 돌려 썰어요.

칼로 조금 더 잘게 다져요.

그 외 알아두기

필수 재료 필수 재료는 음식을 만들기 위해서 꼭 필요한 재료를 말해요.

약간 소금이나 후춧가루 등을 약간 넣었다면 엄지와 검지로 살짝 집은 정도를 말해요.

선택 재료 선택 재료는 있으면 좋지만 기본적인 맛을 내는 데는 크게 영향을 끼치지 않는 재료를 말해요. 다른 비슷한 재료로 바꾸거나 생략이 가능해요.

양념 설탕, 간장, 식초, 다진 마늘, 고추장 등 요리의 맛을 내기 위해서 쓰이는 재료를 말해요.

'+' 표시의 의미 음식을 만들기 전에 미리 섞어 놓으면 좋은 양념이에요. 미리 섞어두면 숙성되면서 맛이 어우러져 더 깊은 맛을 내거든요. 재료에 +로 표시되어 있다면 미리 섞어두세요.

'오븐 마크' 표시의 의미 오븐이나 토스터가 필요한 요리를 의미해요. 경우에 따라서 프라이팬으로 조리해도 가능한 요리들도 있으니 참고하세요.

Part 1

다이어터도 밥심!
한 그릇 밥 요리

탄수화물이 죄악시되는 다이어트 기간.
밥심으로 사는 한국인에게는 너무 가혹하죠.
흰쌀밥 대신 포만감과 영양 챙긴 잡곡밥으로!
짭조름한 국과 밑반찬 대신 담백한 채소와 고기로!
맛있게 균형 잡힌 한 그릇 밥 요리로
당당하게 밥 다이어트 해보자고요.

현미밥은 특유의 거친 식감이 불편했는데 이렇게 촉촉한 덮밥으로 만드니 좋네요!
달큰한 배추에 당근은 말랑말랑~ 자작하게 조려낸 국물 덕분에
먹다 보면 된장국 한 술 뜬 것처럼 술술 넘어가요. 고기까지 들어가 알찬 한 끼랍니다.

된장국 곁들인 느낌

돼지고기배추덮밥

2인분 기준

필수 재료
배추(4장),
돼지고기(등심 80g),
현미밥(1½공기)

선택 재료
당근(1/8개),
다시마(1장=5×5cm)

양념
간장(0.5), 된장(1.5),
참기름(0.7),
참깨(약간)

1

배추는 1cm 폭으로 채 썰고,
당근과 돼지고기는 납작 썰고,

2

중간 불로 달군 팬에 식용유(1)를 둘러
돼지고기를 볶고,

3

겉이 하얗게 익으면 배추와
당근을 넣어 20초간 볶다가
물(2/3컵)과 다시마를 넣어 끓이고,

4

끓어오르면 다시마를 건지고
양념을 넣어 국물이 자작해질 때까지
조리고,

5

밥 위에 볶은 재료를 얹어 마무리.

1인분
630
Kcal
반끼 포인트
두부볶음고추장은
쇠고기볶음고추장보다
칼로리는 3분의 1로!
나트륨함량은 반으로!

채소를 넣어도 수습이 안 되는 고추장의 짠맛을 두부로 잡았어요.
버섯으로 감칠맛을 더하고 은근한 단맛은 양파로 냈답니다.
넉넉히 만들어 두었다 새싹채소와 달걀프라이만 더해 비빔밥으로!
똘똘 뭉쳐 주먹밥으로 만들어도 좋아요.

고추장을 순하고 든든하게

두부볶음고추장비빔밥

2인분 기준

필수 재료
양파($\frac{1}{4}$개), 두부($\frac{1}{2}$모=150g), 새싹채소(1줌), 현미밥($1\frac{1}{2}$공기)

선택 재료
표고버섯(2개), 달걀(2개)

TIP! 새송이버섯이나 느타리버섯을 사용해도 좋아요.

양념
올리브유(2.5), 다진 마늘(0.7), 고추장(4), 매실액(1)

1

표고버섯과 양파는 다지고, 두부는 칼의 옆면으로 으깨 면포로 감싸 물기를 짜고, 새싹채소는 흐르는 물에 헹구고,

2

중간 불로 달군 팬에 올리브유(2)를 둘러 달걀프라이를 만들고,

3

팬에 올리브유(0.5)를 두르고 버섯, 양파, 다진 마늘을 넣어 양파가 반투명해질 때까지 볶고,

4

두부를 넣어 고슬고슬하게 볶은 뒤 약한 불로 줄이고,

5

물(3), 고추장(4), 매실액(1)을 넣고 농도가 되직해질 때까지 볶아 두부볶음고추장을 만들고,

6

TIP! 남은 볶음고추장은 밀폐용기에 넣어 냉장 보관해 일주일 내로 먹어요.

그릇에 밥을 담고 새싹채소와 두부볶음고추장(2), 달걀프라이를 얹어 마무리.

반끼 포인트
잡곡밥은 쌀밥보다
영양이 풍부하고
포만감이 오래 가요.
1인분
603
Kcal

이무리 먹어도 허전한 샐러드 대신 건강한 비빔밥 어떠세요?
밥은 절반으로 줄이고 단백질이 풍부한 스테이크와 채소를 듬뿍 넣어 포만감을 더했어요.
고기를 양념장에 졸여 삼삼하게 간이 잘 맞네요.
잡곡밥 한 공기만 있어도 둘이 먹기에 부족함이 없어요.

샐러드 대신 비빔밥으로

새싹채소스테이크비빔밥

2인분 기준

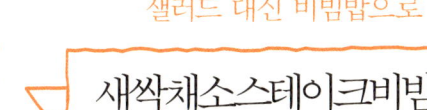

필수 재료
스테이크용 쇠고기(1쪽=300g), 오이($\frac{1}{2}$개), 양파($\frac{1}{2}$개), 새싹채소(1줌), 잡곡밥(1공기)

밑간
올리브유(2), 소금(0.1), 후춧가루(0.1)

양념장
물(2)+간장(2.5)+맛술(1.5)+다진 마늘(0.5)

TIP! 찬물에 담그면 아삭함이 살아나고 양파의 매운맛도 빠져요.

1

쇠고기는 키친타월로 핏물을 제거한 뒤 한입 크기로 썰어 밑간에 버무리고,

2

오이는 모양을 살려 납작하게 썰고, 양파는 얇게 채 썰고,

3

새싹채소와 양파는 흐르는 물에 헹군 뒤 각각 찬물에 담가 물기를 빼고,

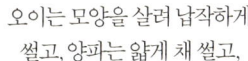

4

쇠고기는 센 불로 달군 팬에 볶듯이 굽다가 겉면이 단단해지면 양념장을 넣어 조리고,

5

그릇에 밥을 납작하게 깔고 양파, 오이, 새싹채소, 스테이크를 올려 마무리.

밥 안 먹고는 힘이 안 난다는 분들 주목!
식이섬유 풍부하고 포만감 좋은 현미밥에 기름기 쫙 뺀 참치로 단백질을 보충하고요.
소스는 참치만 믿고 최소한으로 곁들였어요. 듬뿍 올린 채소 속 비타민은 덤!

딱 필요한 만큼만 채운

참치샐러드비빔밥

1인분 기준

필수 재료
양파($\frac{1}{6}$개),
어린잎채소($1\frac{1}{2}$줌),
통조림 참치
($\frac{1}{2}$캔=50g),
현미밥($\frac{2}{3}$공기)

선택 재료
새싹채소(약간)

양념장
고추장(0.3)+
올리고당(0.3)+
마요네즈(0.3)

1

양파는 채 썰어 찬물에
5분 담갔다가 건지고,

2

어린잎채소와 새싹채소는
깨끗하게 씻어 물기를 빼고,

3

참치는 체에 밭쳐 기름기를 빼고,

4

양념장을 만들고,

5

밥, 참치, 손질한 채소를 담고
양념장을 곁들여 마무리.

반끼 포인트

1일 나트륨 권장 섭취량은 2,000mg! 한국인들은 무려 4,831mg을 먹고 있대요. 그중 장류가 나트륨 함량이 가장 높은데요. 나트륨 배출을 돕는 토마토로 고추장의 짠맛을 낮췄답니다.

고추장에 토마토를 더해 나트륨을 낮췄어요. 시금치가 웬만한 나물 몫을 다 하구요. 식이섬유 풍부한 흑미밥이라 포만감도 좋아요. 버섯과 두부를 구워 담백함이 가득 가득~ 먹고 나서도 물을 많이 찾지 않아요.

짜지 않은 고추장의 비밀!

토마토약고추장비빔밥

2인분 기준

필수 재료
시금치(1$\frac{1}{2}$줌),
두부($\frac{1}{4}$모=70g),
흑미밥(1$\frac{1}{2}$공기)

선택 재료
느타리버섯(1줌)

토마토약고추장
토마토(1개),
고추장(2),
올리고당(1),
참기름(0.7),
참깨(0.1)

양념
소금(약간),
후춧가루(약간)

1

시금치는 2cm 폭으로 썰고,
버섯은 밑동을 잘라 가닥가닥 뜯고,
토마토는 잘게 다지고,

2

두부는 사방 1.5cm로 깍둑 썰고
소금(약간)으로 간해
물기가 생기면 닦아내고,

3

센 불로 달군 마른 팬에 버섯을 넣어
소금, 후춧가루로 간을 하며
빠르게 볶아 꺼내고,

4

중간 불로 줄이고 식용유(1)를 둘러
두부를 노릇하게 구워 꺼내고,

5

팬을 닦아낸 뒤 토마토를 10초간
볶다가 나머지 토마토약고추장 재료를
넣어 1분간 볶고,

6

밥에 준비한 재료를 올리고
약고추장을 곁들여 마무리.

고기 없이도 전혀 아쉽지 않은 구운 채소 덮밥이에요.
채소를 센 불로 재빨리 구워 식감을 살리는 게 포인트!
달콤 짭조름한 소스가 쏙쏙 배어들어 밥이랑 같이 먹기 딱 좋답니다.
비비지 말고 밥과 채소를 함께 떠 먹어요.

채소가 이렇게 맛있었나?

무지개밥

2인분 기준

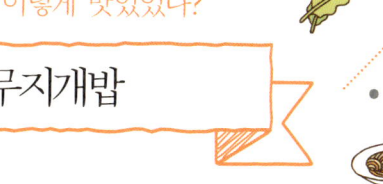

필수 재료
새송이버섯(1개), 가지($\frac{1}{2}$개), 양파($\frac{1}{4}$개), 두 가지 색 파프리카($\frac{1}{2}$개씩), 청경채(2포기), 현미밥($1\frac{1}{2}$공기)

간장 소스
맛술(2), 간장(3), 물(3), 물엿(1)

양념
소금(약간), 후춧가루(약간)

1

버섯과 가지는 납작하게 썰고,
양파와 파프리카는 2cm 폭으로
채 썰고, 청경채는 길게 2~4등분하고,

2

간장 소스를 만들고,

TIP!
채소는 센 불에서
재빨리 구워야
물기가 생기지 않아요.

3

센 불로 달군 마른 팬에 버섯, 가지,
양파, 파프리카를 양념해가며
노릇하게 구워 꺼내고,

4

같은 팬에 간장소스를 부어
중간 불로 끓어오르면
살짝 걸쭉해지도록 1분 더 끓이고,

5

구운 채소와 청경채를 넣어
숨이 죽지 않도록 1분간 볶고,

6

볶은 채소를
밥 위에 올려 마무리.

1인분
433
Kcal
반끼 포인트
아보카도의
불포화지방산이
나쁜 콜레스테롤과
뱃살을 줄여줘요.

숲속의 버터라고 불릴 만큼 단백질과 지방이 풍부한 아보카도. 밥에 곁들이면 진하고 고소한 맛이 나요. 아삭한 양파, 촉촉한 토마토에 반숙란을 톡 터뜨려 부드러움을 더했어요. 간장버터밥처럼 친숙하면서도 살짝 고급스러운 맛이 매력이에요.

숲 속의 버터를 담았어요

아보콥밥

2인분 기준

필수 재료
토마토($\frac{1}{2}$개),
양파($\frac{1}{8}$개),
아보카도(1개),
현미밥(1$\frac{1}{2}$공기)

선택 재료
달걀(2개)

양념
간장(2)

TIP!
아보카도는 쉽게
갈변하니 만들어서
바로 먹는 게 좋아요.

1

토마토와 양파는 작게
사각 썰고,

2

아보카도의 과육도
비슷한 크기로 썰고,

3

중간 불로 달군 팬에 식용유(약간)를 둘러
달걀프라이를 하고,

TIP!
김가루, 썻은 김치,
어린잎채소 등을
더해도 좋아요.

4

그릇에 밥과 손질한 재료를
담고 달걀프라이를 얹은 뒤
간장(2)을 뿌려 마무리.

반끼 포인트

퀴노아는 100g당 단백질 함량이 14g! 쌀보다 단백질이 2배, 비타민 E가 6배, 칼륨은 6배 함유된 슈퍼곡물이에요. 나트륨과 글루텐 함량이 낮아 속도 편해요.

밥 양을 확 줄이고 단백질 만점 퀴노아와 닭가슴살을 채웠어요.
톡톡 터지는 식감에 인삼향이 나서 꼭 영양밥을 먹는 것 같네요.
구수하게 볶은 마늘로 풍미를 내고 간은 간장으로 살짝만!
토마토와 시금치로 산뜻함까지 더했어요.

단백질이 톡톡 터지는

퀴노아볶음밥

2인분 기준

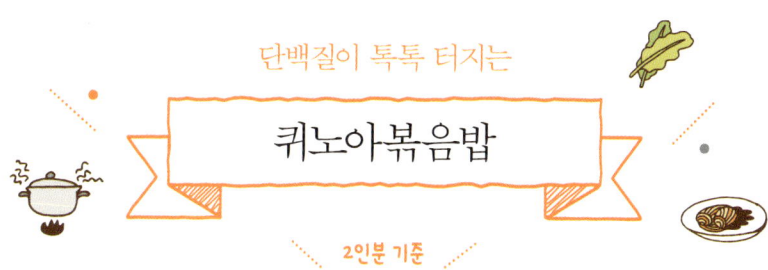

필수 재료
마늘(3쪽),
시금치(1줌),
방울토마토(4개),
닭가슴살(1$\frac{1}{2}$쪽=180g),
삶은 퀴노아(2컵),
찬밥($\frac{1}{2}$공기)

밑간
소금(0.1),
후춧가루(0.1),
청주(0.5)

양념
올리브유(2),
간장(1),
후춧가루(약간)

1

마늘은 납작 썰고, 시금치는 뿌리를 잘라 3~4등분하고, 방울토마토는 반으로 썰고,

2

닭가슴살은 깍둑 썰어 밑간해 5분간 두고,

3

중간 불로 달군 팬에 올리브유(2)를 두르고 마늘을 볶아 노릇해지면 닭가슴살을 넣어 2분간 볶고,

TIP! 더 가볍게 먹고 싶다면 밥을 빼고 퀴노아 양을 늘려요.

4

삶은 퀴노아(2컵), 밥($\frac{1}{2}$ 공기)을 넣어 3분간 볶고,

TIP! 부족한 간은 소금으로 맞춰요.

5

간장(1), 후춧가루(약간)로 간해 1분간 볶은 뒤 불을 끄고 시금치와 방울토마토를 넣어 잔열로 볶아 마무리.

월남쌈에 밥을 넣었다니 상상이 잘 안 간다고요?
샐러드 김밥처럼 시원하고 산뜻하답니다.
채소의 단맛과 씹는 맛이 그대로 살아 있고 라이스페이퍼가 쫀득쫀득하게 입에 감겨요.
살짝 심심한 맛은 햄으로 채웠답니다.

채소를 맛있게 먹는 방법

월남쌈말이밥

2인분 기준

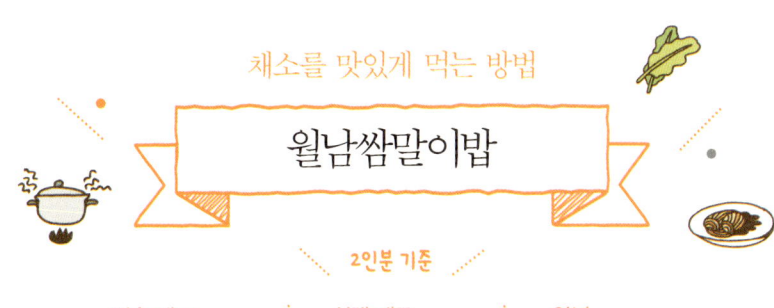

필수 재료
2가지 색 파프리카(1개씩), 깻잎(4장), 현미밥(1공기), 라이스페이퍼(4장), 샌드위치 햄(2장)

선택 재료
오이(½개)

양념
소금(0.1), 설탕(0.2), 검은깨(0.2), 식초(0.7)

1

파프리카와 오이는 곱게 채 썰고, 깻잎은 꼭지를 제거하고,

2

밥에 양념을 넣어 섞고,

3

라이스페이퍼를 따뜻한 물에 적셔 넓게 펼치고,

TIP! 손에 막 들러붙죠? 따뜻한 물을 손에 살짝 묻혀보세요.

4

아래쪽에 밥을 적당히 펼치고 위쪽엔 2등분한 햄을 얹고,

TIP! 밥과 채소 사이에 깻잎 같은 쌈채소를 깔아야 촉촉해지지 않아요.

5

밥 위에 깻잎을 깐 뒤 채 썬 재료를 얹고,

6

단단하게 말아 한입 크기로 썰어 마무리.

반끼 포인트

케일은 항산화 효과가 있는 베타카로틴 함량이 녹황색 채소 중 1등! 파프리카를 넣고 밥 양을 줄였어요. 아삭아삭한 오이나 당근을 넣어도 좋아요.

쌈채소로만 먹던 케일을 살짝 데치니 쓴맛이 사라지고 색이 선명해졌어요.
부드러우면서도 흐물거리지 않아 단단하게 말아 도시락 싸기 좋네요.
파프리카를 더해 식감 풍성한 쌈밥 완성!
호두와 케일 줄기를 다져 넣어 짠맛을 줄인 쌈장도 빼먹지 마세요

산뜻하게 구미를 당기는

케일쌈밥과 호두쌈장

1인분 기준

필수 재료
케일(7장),
2가지 색 파프리카
($\frac{1}{4}$개씩),
현미밥($\frac{1}{2}$공기)

양념
소금(0.1),
참기름(0.3),
부순 참깨(0.5)

호두쌈장
호두(3개)+
쌈장(1)+물(1)

TIP!
비타민 등 영양소가
손실되지 않도록
살짝만 데쳐요.

TIP!
줄기도
버리지
마세요!

1

케일은 끓는 물(3컵)에 소금(0.1)을 넣고
줄기부터 넣어 15초간 데쳐 물기를
가볍게 짠 뒤 줄기를 자르고,

2

케일 줄기(2대 분량), 파프리카,
호두(3개)를 굵게 다지고,

3

밥($\frac{1}{2}$ 공기)에 파프리카,
참기름(0.3), 부순 참깨(0.5)를
넣어 섞고,

4

케일 잎을 뒤집어 펼친 뒤
밥을 얹고 양옆을 접어 돌돌 말고,

5

호두쌈장에 다진 케일 줄기를
섞은 뒤 쌈밥에 곁들여 마무리.

다이어트 단골 식재료인 닭가슴살과 셀러리를 넣고 담백하게 말아낸 김밥이에요.
현미밥은 최대한 얇게 깔고 속재료를 꽉 채우는 게 포인트!
칼로리와 탄수화물은 줄고 영양과 식감은 더 풍부하네요?
심심한 맛은 톡 쏘는 겨자소스가 잡아준답니다.

마약김밥의 다이어트 버전

닭가슴살셀러리김밥

2인분 기준

필수 재료
셀러리(10cm),
당근($\frac{1}{6}$개),
통조림 닭가슴살
(1캔=135g),
마른 김(2장),
현미밥(1공기)

겨자소스
식초(1),
간장(0.3),
올리고당(1),
연겨자(0.3)

1

셀러리와 당근은 껍질을 벗겨
곱게 채 썰고,

2

통조림 닭가슴살은
체에 밭쳐 물기를 빼고,

3

겨자소스를 만들고,

4

김은 가로로 반 자르고,

5

김의 거친 면이 위로 오도록 놓고
밥을 $\frac{2}{3}$ 지점까지 고루 편 뒤
닭가슴살, 셀러리, 당근을 얹고,

6

돌돌 말아 먹기 좋게 4등분해
겨자소스를 곁들여 마무리.

하나씩 집어 먹다 보면 은근 많이 먹게 되는 유부초밥.
밥 양을 줄이고 두부를 넣어 칼로리 부담을 줄였어요.
새콤 달달한 유부와 부드럽고 담백한 두부는 환상의 궁합!
다진 채소와 현미밥을 넣어 식감까지 살렸어요.

밥 조금, 두부 많이!

두부유부초밥

2인분 기준

필수 재료
두부
(작은 것 1모 = 210g),
시판 조미유부(10개)

선택 재료
파프리카($\frac{1}{4}$개),
현미밥($\frac{1}{4}$공기)

TIP!
현미밥 없이
두부의 양을 늘려도
좋아요.

TIP!
파프리카 대신
오이나 양배추를 다져
넣어도 좋아요.

1

두부는 체에 밭쳐 물기를 뺀 뒤
칼등으로 으깨고, 파프리카는
잘게 다지고,

2

유부는 체에 밭친 뒤
지그시 눌러 물기를 빼고,

TIP!
두부를 너무 오래 볶으면
잘 뭉쳐지지 않고,
식감도 좋지 않아요.

3

약한 불로 달군 마른 팬에
으깬 두부를 3분간 볶아
물기를 날리고,

4

조미유부에 들어 있는
배합초와 플레이크($\frac{1}{2}$봉지),
밥, 다진 파프리카를 넣어
고루 섞고,

5

양념한 재료를 유부에
채워 넣어 마무리.

칼로리는 닭가슴살의 절반, 지방은 적고 단백질은 가득한 갑오징어로
다이어트를 시작하세요. 오징어보다 도톰해서 쫀득쫀득 부드러운 식감!
채소, 미역과 함께 회덮밥처럼 비벼 먹으니 입안 가득 바다향이 퍼지네요.

다이어트 식재료의 甲

갑오징어비빔밥

2인분 기준

필수 재료
오이($\frac{1}{3}$개),
갑오징어(2마리),
마른 미역(4),
현미밥($1\frac{1}{2}$공기)

선택 재료
청상추(4장)

양념
소금(0.2),
초고추장(4)

미역 양념
설탕(0.3), 식초(1.5),
다진 마늘(0.5),
참깨(0.1)

1

오이와 청상추는 채 썰고,

2

갑오징어는 내장, 뼈, 눈, 입을 제거해
먹기 좋은 크기로 썰고,

3

끓는 물(3컵)에 소금(0.2),
갑오징어를 넣고 10초간 데쳐
찬물에 헹군 뒤 물기를 빼고,

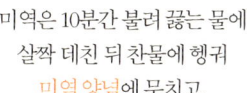

4

미역은 10분간 불려 끓는 물에
살짝 데친 뒤 찬물에 헹궈
미역 양념에 무치고,

5

밥 위에 모든 재료를 얹고
초고추장을 곁들여 마무리.

1인분
546
Kcal
반끼 포인트
콜리플라워 100g이면
비타민 C 일일섭취량을
채울 수 있어요.
양배추보다 식이섬유도
풍부해요.

요즘 미국에서 가장 핫한 메뉴인데요. 부처님의 밥그릇이라는 뜻의 부다볼은
채소와 곡물, 과일이 한데 어우러진 건강식이랍니다.
샐러드보다 영양이 풍부하고 포만감도 오래가 다이어터들에게 추천!
카레로 양념해 구운 콜리플라워가 진짜 맛있어요.

뉴요커의 건강 레시피

부다볼

2인분 기준

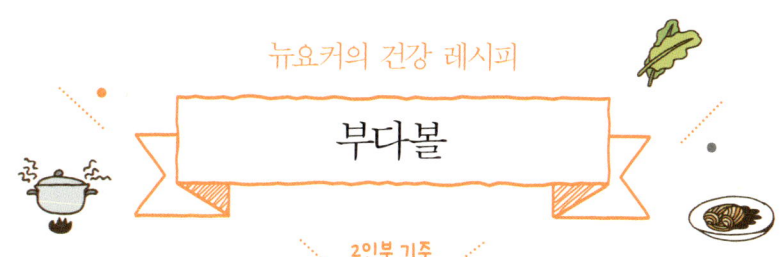

TIP!
삶은 병아리콩이나
구운 채소, 두부를 넣어도
잘 어울려요.

필수 재료
쌀(1컵), 귀리($\frac{1}{3}$컵),
콜리플라워($\frac{1}{2}$개),
파프리카($\frac{1}{2}$개),
아보카도(1개),
어린잎채소(2줌)

식촛물
물(3컵)+식초(2)

밑간
파르메산
치즈가루(0.5),
카레가루(0.5),
식용유(3)

간장드레싱
설탕(0.3)+
소금(0.1)+
볶은 다진 마늘(1)+
간장(0.5)+
식초(1.5)+
올리브유(5)

TIP!
전기밥솥을
사용할 때도 물 양은 동일!
백미 또는 잡곡 취사
기능으로 밥을 지어요.

1

쌀과 귀리는 2~3번 헹구고
넉넉히 물을 부어 30분 이상 불리고,

2

냄비에 쌀과 귀리, 물(1 $\frac{2}{3}$컵)을 넣고
뚜껑을 덮어 중간 불에서 10분 →
중약 불에서 5분 익힌 뒤 불을 끄고
5분간 뜸을 들이고,

3

콜리플라워는 한입 크기로 썰어
식촛물에 15분간 담갔다 헹궈 밑간하고,

4

중간 불로 달군 팬에
노릇하게 구워 꺼내고,

5

파프리카는 채 썰고, 아보카도는
반 갈라 씨를 뺀 뒤 껍질을 벗겨
납작 썰고,

6

귀리밥 위에 콜리플라워, 파프리카,
아보카도, 어린잎채소를 올리고
간장드레싱을 뿌려 마무리.

반끼 포인트

낫또는 식이섬유가
풍부해 배변활동에 탁월하고,
포만감이 좋아서
과식을 방지해요.

낫또는 체내 지방이 흡수되는 걸 막아줘요. 독특한 향과 식감이 살짝 부담스러울 수 있는데요. 볶아내면 끈적임이 줄어서 먹기 훨씬 편하답니다. 일본의 낫또 차항처럼 김치볶음밥에 곁들여 볶아도 좋아요.

낫또 입문자를 위한

낫또볶음밥

1인분 기준

필수 재료
대파(12cm),
양파($\frac{1}{4}$개),
당근($\frac{1}{8}$개),
낫또(1팩), 달걀(1개),
다진 돼지고기($\frac{1}{3}$컵),
현미밥($\frac{2}{3}$공기)

선택 재료
씻은 김치($\frac{1}{3}$컵)

양념
청주(1),
후춧가루(약간),
간장(1),
들기름(0.5)

TIP!
실이 생길 때까지
고루 저어요.

1

대파는 송송 썰고, 양파와 당근,
씻은 김치는 잘게 다지고,

2

낫또는 동봉된 간장을 넣어 고루 섞고,

3

중간 불로 달군 팬에 식용유(0.5)를
두른 뒤 달걀을 볶아 꺼내고,

4

같은 팬에 식용유(1)를 둘러
대파, 다진 돼지고기, 청주(1), 후춧가루를
넣어 볶다가 고기 색이 변하면
양파, 당근, 김치를 넣어 3분간 더 볶고,

5

밥을 넣고 고루 섞어 간장(1)으로
간한 뒤 볶아둔 달걀을 섞고,

TIP!
취향에 따라
볶음밥에 낫또를 얹어
비벼 먹어도 좋아요.

6

낫또와 들기름(0.5)을 넣고
가볍게 섞어 마무리.

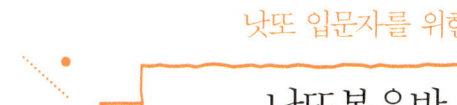

1인분
443
Kcal
반끼 포인트
퀴노아는 단백질 ·
녹말 · 비타민 · 무기질이
풍부해 우유에 버금가는
곡물계의 영양왕이랍니다.

두 가지 슈퍼푸드로 영양 만점 유부초밥을 만들어보세요.
만들기는 간단해도 맛과 건강까지 야무지게 챙겼답니다.
톡톡 터지는 퀴노아의 식감이 매력적!

슈퍼푸드 소풍 도시락

퀴노아브로콜리유부초밥

3~4인분 기준

필수 재료
퀴노아($\frac{1}{4}$컵), 쌀($1\frac{3}{4}$컵), 양파($\frac{1}{3}$개), 베이컨(4줄), 브로콜리($\frac{1}{3}$개), 시판 유부초밥(280g)

양념
소금(0.1), 후춧가루(0.1)

소금물
소금(1)+물(3컵)

TIP!
베이컨은 생략해도 좋아요!

1

전기밥솥에 퀴노아, 쌀, 물(2컵)을 넣고 취사해 퀴노아밥을 짓고,

2

양파와 베이컨은 다져 양념한 뒤 내열 용기에 담고 랩을 씌워 전자레인지에 1분간 돌리고,

3

브로콜리는 소금물에 40초간 데쳐 잘게 다지고,

4

볼에 퀴노아밥과 손질한 재료, 조미볶음, 초밥소스를 넣어 고루 섞고,

5

유부의 물기를 가볍게 짠 뒤 양념한 밥을 채워 마무리.

야심한 밤, 〈윤식당〉을 보고 식욕이 폭발했다면?
지방이 적은 돼지고기 안심과 콩나물을 듬뿍 넣은 다이어트 비빔밥이 해답!
고추장 대신 간장 양념으로 비벼 먹으니 재료 본연의 맛을 제대로 느낄 수 있어요.

〈윤식당〉의 다이어트 버전

콩나물안심비빔밥

2인분 기준

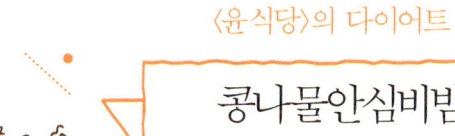

필수 재료
콩나물(2줌=150g), 돼지고기 안심(150g), 현미밥(1$\frac{2}{3}$공기)

선택 재료
당근($\frac{1}{4}$개), 깻잎(3장)

양념
소금(0.4), 청주(1), 후춧가루(약간)

양념장
고춧가루(0.5)+ 간장(3)+ 콩나물 삶은 물(2)+ 참기름(0.5)+ 다진 대파(0.5)+ 다진 청양고추(0.7)+ 참깨(0.3)

TIP!
넓게 펼쳐야 빨리 식어요. 삶은 물은 두 숟갈 남겨 두세요.

1

끓는 물(3컵)에 소금(0.3)과 콩나물을 넣어 4분간 데친 뒤 체에 밭쳐 한 김 식히고,

2

당근과 깻잎은 채 썰고,

3

안심은 굵게 채 썰어 소금(0.1), 청주(1), 후춧가루(약간)로 밑간하고,

4

양념장을 만들고,

TIP!
당근을 볶을 때 물을 1~2숟가락 정도 넣으면 속까지 부드럽게 익어요.

5

중간 불로 달군 팬에 식용유(1)를 둘러 당근과 안심을 각각 볶고,

6

그릇에 밥을 담고 모든 재료를 올린 뒤 양념장을 뿌려 마무리.

크림소스가 먹고 싶을 땐
생크림 대신 두유를 넣어보세요.
진한 고소함은 그대로! 느끼하지 않아
뒷맛도 깔끔해요. 현미밥과 연근의 씹는 맛이 좋고요.
쇠고기를 넣어 영양까지 완벽해요.

다이어터의 영양식

두유들깨리소토

2인분 기준

필수 재료
양파($\frac{1}{4}$개),
마늘(3쪽),
쇠고기(우둔살 150g),
올리브유(1),
현미밥(1공기),
무가당 두유(1$\frac{1}{2}$컵)

선택 재료
연근($\frac{1}{2}$개=150g),
슬라이스
모차렐라치즈(1장)

밑간
설탕(0.3), 간장(1),
청주(1)

양념
소금(약간),
들깻가루(1)

1

양파는 채 썰고, 연근은 껍질을 벗겨 다지고, 마늘과 쇠고기는 납작 썰고,

2

쇠고기는 밑간해 잠시 두고,

3

중간 불로 달군 팬에 올리브유(1)를 두른 뒤 손질한 채소와 고기를 2분간 볶고,

4

물($\frac{2}{3}$컵)과 밥을 넣고 끓어오르면 두유(1$\frac{1}{2}$컵)를 2번에 나눠 부어가며 끓이고,

5

밥알이 퍼지고 농도가 살짝 걸쭉해지면 슬라이스 치즈(1장)를 넣어 섞고,

6

양념을 뿌려 마무리.

알고 먹으면 더 좋은 다이어트 슈퍼푸드

TV 건강 프로그램을 보다가 홀린 듯이 주문했던 퀴노아, 병아리콩, 렌틸콩…
주방 선반 한 구석에서 먼지만 쌓이고 있진 않나요? 유명해서 샀지만
활용하기 어려웠던 슈퍼푸드를 다이어트 효과부터 먹는 법까지 낱낱이 분석했어요.
주의해야 할 꿀팁도 놓치지 말자구요.

퀴노아

남아메리카가 원산지인 퀴노아의 이름은 잉카언어로 '곡물의 어머니'라는 뜻이에요. 쌀보다 무려 2배 이상! 곡물답지 않은 고단백 식재료로 식이섬유가 풍부해 변비를 예방하고, 적은 양으로도 포만감을 줘서 다이어터들에게 각광받고 있어요. 뼈에 좋은 칼슘, 칼륨, 그리고 필수아미노산이 골고루 들어 있어 슈퍼푸드라는 이름값 톡톡히 하고 있는 식재료랍니다. 아직 낯선 식재료였던 예전에는 수입에만 의존했지만, 최근에는 강원도 홍천을 필두로 국내산 퀴노아도 구할 수 있어요.

섭취 방법

퀴노아는 쌀과 조리법이 비슷해 밥을 지을 때 잡곡처럼 함께 넣는 편이에요. 밥물은 일반 쌀밥 정도의 물 양을 잡아요. 시중에서 쉽게 구할 수 있는 종류로는 세 가지가 있는데, 가장 대중적인 화이트 퀴노아는 향과 맛이 상대적으로 약하고 모양도 쉽게 뭉그러져 밥을 지을 때 주로 넣어요. 레드 퀴노아는 삶은 뒤에도 식감과 모양이 오래 가서 샐러드용으로 적합하구요. 블랙 퀴노아는 셋 중에 가장 단맛이 도는 편이라 쿠키나, 시리얼바 같은 요리에 활용하면 좋아요.

38p 퀴노아볶음밥,
54p 퀴노아브로콜리유부초밥
레시피 참고!

병아리콩

'이집트콩' 또는 '칙피(Chickpea)'라고도 불리는 병아리콩은 병아리 머리 모양과 비슷하게 생겼다 해서 붙여진 이름이에요. 인류 역사상 가장 먼저 재배된 콩류 중 하나랍니다. 일반 콩보다 조금 크고 모양이 불규칙한 병아리콩은 밤이나 땅콩처럼 고소한 맛을 내요. 콜레스테롤을 낮추는 기능이 뛰어나고, 비타민과 철분, 칼슘 등 영양소가 풍부해요.

74p 병아리콩샐러드
레시피 참고!

섭취 방법

국내에서는 주로 건조된 상태나 통조림 형태로 구할 수 있어요. 말린 콩은 하룻밤 정도 불린 후 삶아서 요리에 사용하면 돼요. 주로 삶거나 튀기고, 볶는 조리과정을 거치지만 연한 어린잎과 어린콩 부분은 생으로도 즐길 수 있어요. 대표적인 요리로는 채소나 빵에 디핑소스처럼 곁들이는 후무스 등이 있어요.

렌틸콩

볼록한 렌즈를 닮은 생김새로 '렌즈콩'이라고도 불리는 렌틸콩은 유럽 남부, 지중해 연안이 원산지예요. 풍부한 단백질 함유량(무려 24%!)으로 채식주의자들에게 단백질 공급원으로 사랑받고 있어요. 고소하고 담백한 맛이 특징이고, 노란색, 붉은색, 갈색, 검은색 등 다양한 품종이 있어요. 식이섬유가 풍부해 변비 예방과 다이어트에 좋고, 콜레스테롤 수치를 조절할 뿐 아니라 혈당을 조절하는 효능이 있어요.

섭취 방법

렌틸콩은 불리는 과정 없이 바로 사용할 수 있어요. 밥을 지을 때 함께 넣어 먹거나 15분~20분 정도 삶아서 샐러드에 얹어 먹어요. 렌틸콩은 색상에 따라 맛과 질감이 달라 용도에 따라 고르는 것이 좋아요. 부드럽게 익는 갈색 렌틸콩은 수프나 커리에 잘 어울리고, 채식주의자를 위한 햄버거 패티에 적절해요. 녹색 렌틸콩은 갈색과 비슷하지만 조금 더 단단하고 풍미가 강해 샐러드에 잘 어울려요.

100p 렌틸콩강된장쌈
레시피 참고!

Part 2

채소로 든든하게!
한 그릇 샐러드

다이어트와 떼려야 뗄 수 없는 채소파티, 샐러드.

물리지 않도록 다양하고 특색이 넘치는 샐러드를 준비했어요.
흔하지 않으면서 든든하기까지 한 샐러드 레시피.
바로 우리가 가장 원하던 거 아니었나요?
채소도 맛있게! 색다르게! 즐겨보자고요.

한정식 반찬처럼 정갈하고 고급스러운 거 보세요.
주인공은 버섯! 가격, 칼로리 모두 착해 마음껏 즐길 수 있죠.
날씬한 겨자소스로 버무린 채소 샐러드 덕분에 입맛이 깔끔!
데친 고기와 곁들이기 좋아요.

단정하게 차려 먹는

버섯숙회샐러드

2인분 기준

필수 재료
새송이버섯(작은 것 3개),
표고버섯(4개),
오이($\frac{1}{2}$개),
영양부추($\frac{1}{2}$줌)

선택 재료
파프리카($\frac{1}{2}$개)

양념
소금(0.2)

겨자소스
소금(0.1)+
식초(2)+
올리브유(0.7)+
꿀(0.7)+
연겨자(0.2)

TIP!
적은 양의 물에 데쳐야
버섯의 맛과 영양이 유지돼요.
찜기에 살짝 쪄도 좋아요.

1

새송이버섯과 표고버섯은
0.5㎝ 두께로 납작 썰고,

2

오이와 파프리카는 채 썰고,
영양부추는 5㎝ 길이로 썰고,

3

끓는 물(3컵)에 소금(0.2)을 넣고
버섯을 40초간 데쳐 건지고,

4

손질한 채소에 겨자소스를 넣어
가볍게 버무리고,

5

그릇에 데친 버섯과
버무린 채소를 함께 담아 마무리.

1인분
247
Kcal
반끼 포인트
· 통조림 참치 → 통조림 연어
· 치커리 → 샐러드채소
· 양파 토핑으로 상큼함 추가!
· 양이 부족하면
삶은 감자 추가!

집에 있는 참치캔과 달걀로 풍성해진 니스풍 샐러드!
채소 위에 색색의 토핑을 보기 좋게 담았어요.
씨겨자가 톡톡 터지는 상큼한 드레싱이 참치의 비린내를 잡아준답니다.
올리브와 참치가 짭조름해 채소를 듬뿍 먹게 되네요.

통조림으로 만든 프렌치

니수아즈샐러드

2인분 기준

필수 재료
달걀(2개),
통조림 참치
(½캔=70g),
치커리(⅔줌),
방울토마토(7개)

선택 재료
블랙올리브(3개),
오이(⅓개)

드레싱
소금(0.1)+
식초(1.5)+
홀그레인머스터드(0.5)+
올리브유(2)+
꿀(1)

TIP!
홀그레인머스터드는
겨자씨를 굵게 갈아 소금, 식초,
향신료 등을 첨가해 만든 소스예요.
샌드위치나 샐러드드레싱,
각종 고기요리에 써요.

TIP!
반숙이 잔열에 익지 않도록
찬물에 담가요.

1

냄비에 달걀과 잠길 정도의 물을 넣어
중간 불에서 끓어오르면 8분간 반숙으로
삶아 껍질을 벗기고,

2

통조림 참치는 체에 밭쳐
기름기를 빼고,

3

치커리는 물에 헹궈 키친타월로
가볍게 물기를 닦아 손으로
먹기 좋게 뜯고

4

방울토마토와 블랙올리브는
반으로 자르고, 오이는 깍둑 썰고,
달걀은 4등분하고

5

방울토마토, 오이, 치커리를
드레싱에 가볍게 버무려
접시에 담고,

6

나머지 재료를 얹어 마무리.

슈퍼모델이 추천하는 다이어트 식품, 오징어!
퍽퍽한 닭가슴살과 달리 촉촉하고 탱글탱글~ 피로 회복에 좋은 타우린이 가득해 운동 후에 먹기 좋아요. 드레싱도 너무 걱정 마세요. 올리브유의 불포화지방산은 착한 지방이거든요. 적당히 먹으면 변비 예방에도 좋답니다.

맛있는 샐러드 타임

통오징어샐러드

2인분 기준

필수 재료
오징어(1마리),
방울토마토(5개),
어린잎채소(2줌)

양념
소금(약간),
후춧가루(약간),
올리브유(3)

드레싱
발사믹식초(2)+
레몬즙(0.5)+
고추장(0.3)+
올리브유(3)+
올리고당(1)

1

오징어 다리를 잡아당겨 몸통과 분리한 뒤 내장, 눈, 입을 제거하고,

2

몸통은 양쪽에 일정하게 가위집을 넣고, 다리는 깨끗이 씻어 윗부분을 자르고,

3

오징어에 소금(약간), 후추(약간)를 뿌려 밑간하고,

4

방울토마토는 2등분하고, 어린잎채소는 깨끗하게 씻어 물기를 빼고,

5

중간 불로 달군 팬에 올리브유(3)를 두르고 오징어를 올려 앞뒤로 3분간 굽고,

6

접시에 담은 뒤 어린잎채소, 방울토마토를 곁들이고 드레싱을 뿌려 마무리.

1인분
418
Kcal
반끼 포인트
고기를 데칠 때 배추나 숙주 등
샤브샤브 식당에서 흔히 먹는
채소를 함께 데쳐도 좋아요.

샐러드라고 풀만 먹나요?
칼로리, 지방 함량이 낮은 뒷다릿살을 샤브샤브처럼 살짝 데쳐 곁들였어요.
매콤달콤한 칠리드레싱을 더해 가볍지만 맛은 꽉 차게!
달콤한 복숭아가 입안을 상큼하게 정리해줘요.

기름기가 쪼옥~ 빠진

샤브샤브샐러드

2인분 기준

필수 재료
천도복숭아(1개), 치커리($\frac{1}{2}$줌), 양상추($\frac{1}{6}$통), 얇게 썬 돼지고기(250g)

선택 재료
적양배추(2장)

고기 데치는 재료
대파 푸른 부분(1대), 납작 썬 마늘(1쪽), 간장(2)

칠리드레싱
양파($\frac{1}{6}$개)+청양고추(1개)+포도씨유(2)+식초(2)+스위트 칠리소스(2)+후춧가루(0.1)

1

천도복숭아는 납작 썰고, 적양배추는 곱게 채 썰고,

2

치커리와 양상추는 먹기 좋게 찢어 찬물에 10분간 담갔다 건지고

3

끓는 물(3컵)에 고기 데치는 재료와 돼지고기를 넣어 20초간 데친 뒤 고기만 건져내고,

4

양파는 굵게 다지고 청양고추는 송송 썰어 나머지 칠리드레싱 재료를 섞고,

5

접시에 손질한 재료를 담고 칠리드레싱을 뿌려 마무리.

너비아니에 밥까지 곁들이면 칼로리가 폭발해요.
샐러드로 만들어 포만감은 그대로, 칼로리는 낮추고 상큼함을 더했어요.
고기는 지방이 적은 안심으로!
대신 양파즙이 들어간 양념장으로 고기를 부드럽게 했어요.

부담 없이 즐기는

너비아니샐러드

2인분 기준

TIP!
등심 부위도 OK!

반죽 재료
방울토마토(4개),
쇠고기 안심(150g),
샐러드채소($1\frac{1}{3}$줌)

쇠고기 양념
설탕(0.7),
간장(1.5),
양파즙(2),
다진 마늘(0.5),
참기름(0.3),
후춧가루(0.1)

드레싱
소금(0.1)+식초(1.5)+
올리브유(2)+
올리고당(0.5)

양념
참깨(0.3)

1

방울토마토는 2등분하고,

2

쇠고기는 0.3cm 두께로
납작 썰어 칼등으로 두드리고,

3

쇠고기를 쇠고기 양념에
15분간 재우고,

4

중간 불로 달군 팬에
식용유(0.5)를 둘러 고기를
앞뒤로 노릇하게 굽고,

5

샐러드채소, 방울토마토를
드레싱에 버무리고,

6

그릇에 샐러드와 너비아니를
담고 참깨를 뿌려 마무리.

1인분
280
Kcal
반끼 포인트
병아리콩은 콩류 중에서도
콜레스테롤을 낮춰주는
효능이 탁월해요.

콩 특유의 비린 맛이 없는 병아리콩으로 만든 떠 먹는 샐러드.
시원한 청오이와 짭짤한 페타치즈를 더하고
톡 쏘는 새콤한 드레싱까지 뿌렸어요.
씹을 때마다 톡톡 터지는 옥수수는 재미를 담당!

포만감이 오래 오래~

병아리콩샐러드

2인분 기준

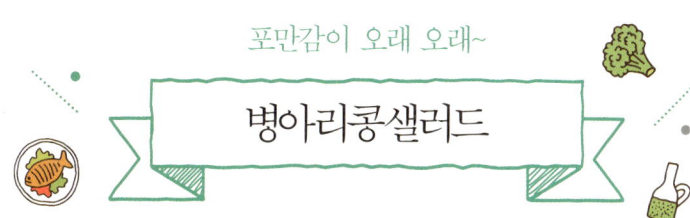

필수 재료
병아리콩($\frac{3}{4}$컵),
청오이($\frac{1}{3}$개),
방울토마토(6개)

양념
소금(0.2)

선택 재료
페타치즈
($\frac{1}{3}$컵=30g),
케일(4장),
통조림 옥수수($\frac{1}{2}$컵)

TIP!
페타치즈 대신 리코타치즈나
생모차렐라치즈, 물기 뺀 두부를
굵게 으깨 사용해도 좋아요.

비네그레트드레싱
소금(0.1)+설탕(0.2)+
다진 양파(1)+
레드와인식초(2.5)+
올리브유(2.5)+
후춧가루(약간)

TIP!
레드와인식초 대신
발사믹식초나 일반 식초를
사용해도 좋아요.

TIP!
콩이 불면
물을 흡수하니
넉넉히 부어 불리세요.

1

병아리콩은 찬물에 담가
냉장실에서 3~4시간 불리고,

2

냄비에 물(4컵)과 병아리콩,
소금(0.2)을 넣어 20분간 삶아 건져
한 김 식히고,

3

오이와 페타치즈는 깍둑 썰고,
케일은 길게 2등분해 1cm 폭으로 썰고,
방울토마토는 4등분하고,

4

옥수수는 물기를 빼고,

5

손질한 재료와 비네그레트드레싱을
넣고 가볍게 섞어 마무리.

1인분 255 Kcal

반끼 포인트

'밭의 산삼'이라는 더덕의 사포닌 성분으로 다이어트로 허해진 몸에 기운을 보충해보세요.

더덕샐러드인데 더덕이 없네요? 드레싱에 더덕을 숨겼거든요.
특유의 향은 그대로 살리고 황도의 달콤함을 더하니 드레싱 맛이 예술~
어떤 재료와도 잘 어울려 다양한 요리에 활용하기 좋아요.

드레싱이 정말 맛있어요!

더덕드레싱치킨샐러드

2인분 기준

필수 재료
닭가슴살(1쪽), 쌈채소(2줌), 파프리카($\frac{1}{2}$개)

선택 재료
적양배추(2장), 오이($\frac{1}{3}$개)

더덕드레싱
더덕(2개=70g), 통조림 황도(1쪽), 마늘(1쪽), 소금(0.2), 식초(2.5), 포도씨유(3), 꿀(1)

TIP!
약한 불로 익혀야 닭가슴살이 부드러워요.

1

끓는 물(3컵)에 닭가슴살을 넣고 중약 불로 10분간 익혀 한 김 식힌 뒤 굵게 찢고,

2

쌈채소는 한입 크기로 뜯어 물에 헹군 뒤 물기를 충분히 빼고,

3

파프리카, 적양배추는 채 썰고, 오이는 2등분해 어슷 썰고,

4

더덕은 껍질을 벗겨 굵게 다진 뒤 나머지 더덕드레싱 재료와 함께 믹서에 곱게 갈고,

5

손질한 채소와 닭가슴살을 그릇에 담고 더덕드레싱을 뿌려 마무리.

반끼 포인트
건강한 단맛이라
배불리 먹어도
죄책감이 없어요.
사과 대신 버섯, 고구마로
포만감을 채워도 좋아요.
1인분
204
Kcal

가끔은 단 게 마냥 당길 때가 있죠? 팬에 구워 단호박과 사과의 달콤함을 끌어올리고
계피향 솔솔 나는 드레싱을 뿌려 샐러드로 즐겨보세요.
전자레인지에 따끈하게 데우니 향긋함과 온기가 은은히 퍼져요.

부기가 쏘옥~ 빠지는

구운단호박사과샐러드

2인분 기준

필수 재료
단호박($\frac{1}{4}$개),
사과($\frac{1}{2}$개),
시금치($1\frac{1}{2}$줌),
견과류(1줌)

양념
소금(0.1),
후춧가루(0.1)

시나몬요거트드레싱
계핏가루(0.3)+
레몬즙(0.7)+
그릭요거트(1팩=85g)+
꿀(1)

TIP!
그릭요거트는
무가당 제품을
사용해요.

1

단호박과 사과는 깨끗이 씻어
씨를 제거한 뒤 먹기 좋게 썰고,
시금치는 뿌리를 자르고,

2

TIP!
사과보다
단단한 단호박은
미리 익혀요.

단호박은 전자레인지에
2분씩 2번 돌려 익힌 뒤 양념하고,

3

마른 팬에 견과류를
노릇하게 구워 꺼내고,

4

팬에 식용유(0.5)를 두르고 단호박과
사과를 넣어 중간 불로 노릇하게 굽고,

5

시금치를 섞은 뒤 불을 끄고,

TIP!
먹기 전에
전자레인지에 돌려
따뜻하게 즐겨도
좋아요.

6

그릇에 모든 재료를 담은 뒤
시나몬요거트드레싱을 곁들여
마무리.

살짝 데쳐 초고추장 찍어 먹던 브로콜리의 고급진 변신!
석쇠에 살살 구워 불맛을 입히고 새콤달달한 유자청드레싱에 버무리니
다른 재료가 없어도 허전하지 않답니다.
오독오독 고소하게 씹히는 아몬드가 제대로 화룡점정이네요.

불맛 나는 샐러드

구운브로콜리샐러드

2인분 기준

필수 재료
브로콜리(1개),
슬라이스 아몬드(3)

선택 재료
식초(1), 소금(0.5)

유자청드레싱
소금(0.1)+
레몬즙(2)+
유자청(1)+
하프 마요네즈(2.5)

TIP!
브로콜리에 남아 있는
농약성분을 없애는
과정이에요.

1

브로콜리는 한입 크기로 썬 뒤
식촛물(물2컵+식초1)에 5분간 담갔다
건져 흐르는 물에 헹구고,

2

유자청드레싱을 만들고,

3

끓는 물(2컵)에 소금(0.5)을 넣고
브로콜리를 30초간 데쳐 물기를 빼고,

TIP!
석쇠를 사용하면
불맛을 낼 수 있어요.

4

석쇠에 브로콜리를 올려
중간 불에서 앞뒤로 굽고,

5

접시에 담아 드레싱과
슬라이스 아몬드를 뿌려 마무리.

크리스마스 느낌 나는 리스 모양의 카프레제예요.
우선 어린잎채소와 바질로 리스 모양을 잡아주시고요.
치즈와 토마토로 예쁘게 장식하면 완성!

식탁 위에 꽃이 피었어요

카프레제리스

3인분 기준

필수 재료
방울토마토(15개), 생모차렐라치즈(1컵), 어린잎채소(3줌), 바질(1줌)

선택 재료
호두($\frac{1}{2}$컵)

발사믹드레싱
다진 양파(1)+꿀(1)+발사믹식초(2)+올리브유(5)

1

방울토마토($\frac{1}{2}$ 분량)는 반으로 썰고, 모차렐라치즈는 토마토와 비슷한 크기로 깍둑 썰고,

2

호두는 굵게 다지고,

3

어린잎채소와 바질은 찬물에 헹궈 물기를 빼고,

4

접시에 어린잎채소로 동그랗게 모양을 잡고,

5

토마토와 바질, 모차렐라치즈를 올리고,

6

TIP!
드레싱 대신 발사믹크림을 사용해도 돼요.

호두를 뿌리고 발사믹드레싱을 곁들여 마무리.

1인분
174
Kcal
반끼 포인트
다이어터의 최대의 적, 중식!
중화풍 소스로 중식의
유혹을 달래요.

오목한 로메인상추 사이사이에 소스를 채웠어요.
흔한 겉절이나 샐러드가 아니라 근사한 중국요리를 먹는 느낌!
탱글탱글한 새우와 아삭한 로메인상추의 식감이 입에서 팡팡 터져요.
고추기름을 섞은 매콤한 소스라 뒤끝 없이 깔끔하답니다

식감과 맛이 다채로운

중화풍로메인샐러드

2인분 기준

필수 재료
로메인상추(2포기=300g), 새우살(1컵)

소스
청·홍고추(1개씩), 설탕(2.5), 간장(3), 식초(3), 굴소스(1), 고추기름(2), 다진 마늘(0.5), 물(3)

TIP! 고추 대신 피망을 써도 돼요.

1

로메인상추는 깨끗이 씻어 길게 2등분한 뒤 물기를 빼고,

2

TIP! 설탕이 완전히 녹을 때까지 고루 섞어요.

고추를 다져 나머지 소스와 섞은 뒤 냉장실에 차게 두고,

3

끓는 물에 새우살을 넣고 10초간 데친 뒤 찬물에 가볍게 헹궈 식히고,

4

소스에 새우살을 넣어 섞고,

5

로메인상추를 그릇에 담은 뒤 소스를 사이사이에 채워 마무리.

눈으로 감상하고 코로 음미하는 동남아식 샐러드예요.
해물을 데치고 달걀프라이를 올려 미지근하게 먹는답니다.
부드러운 잎과 아삭한 줄기까지 셀러리의 상큼함을 느껴보세요.
새콤짭잘한 소스와 재료들의 조합이 참 근사해요

상큼하게 오감만족

해산물샐러드

2인분 기준

필수 재료
방울토마토(3개),
양파($\frac{1}{6}$개),
셀러리(1대),
손질한 오징어($\frac{1}{2}$마리),
칵테일새우(5마리)

선택 재료
달걀(1개),
다진 땅콩(3)

드레싱
물($\frac{1}{3}$컵)+
피시소스(2)+
식초(2)+
스위트칠리소스(4)

TIP!
피시소스가 없다면
멸치액젓(1)으로!

1

방울토마토는 2등분하고,
양파는 곱게 채 썰고,
셀러리는 한입 크기로 썰고,

2

오징어는 몸통에 길게 칼집을 넣은 뒤
한입 크기로 썰고,

3

끓는 물에 오징어와 새우를
1분간 데쳐 건지고,

4

중간 불로 달군 팬에 식용유(2)를
둘러 반숙으로 달걀프라이를 하고,

5

방울토마토, 양파, 셀러리, 오징어,
새우에 드레싱을 넣어 버무리고,

6

접시에 샐러드를 담고 달걀프라이를
얹은 뒤 다진 땅콩을 뿌려 마무리.

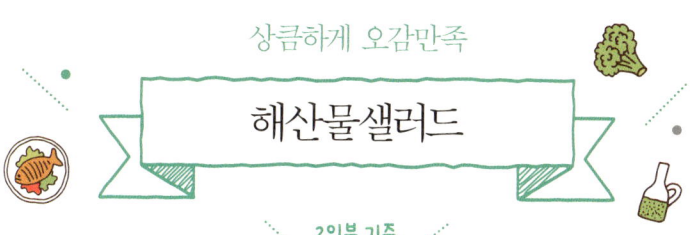

포크보단 숟가락이 더 잘 어울리는 샐러드에요.
다진 콜리플라워가 꼭 쌀 같죠?
밥보다 칼로리는 낮고 식이섬유와 비타민 C는 풍부해 다이어터에게 딱이랍니다.
캔참치로 단백질까지 보충하면 완벽한 저탄고단 식단 완성!

채소로 만든 밥

콜리플라워라이스샐러드

2인분 기준

TIP!
콜리플라워는
식촛물(물3컵+식초1)에
5분간 담갔다가 흐르는 물에
씻으면 농약 걱정 NO!

필수 재료
콜리플라워($\frac{1}{2}$개),
방울토마토(7개),
오이($\frac{1}{2}$개),
통조림 참치(1캔=150g)

선택 재료
적양배추(2장)

양념
올리브유(1),
소금(약간),
후춧가루(약간)

레몬마요드레싱
레몬즙(1)+
하프 마요네즈(1.5)+
올리고당(0.7)+
후춧가루(약간)+
허브가루(약간)

1

콜리플라워는 딱딱한 밑동을 제거해
큼직하게 썬 뒤 푸드프로세서에
곱게 갈고,

2

중간 불로 달군 팬에
올리브유(1)를 두른 뒤 콜리플라워를
소금, 후춧가루로 간해
5~6분간 볶고,

3

밝은 갈색이 돌면 접시에 넓게 펼쳐
한 김 식히고,

4

방울토마토는 2등분하고,
오이는 깍둑 썰고, 적양배추는 채 썰고,
참치는 체에 밭쳐 기름을 빼고,

5

손질한 재료를 섞고 레몬마요드레싱을
곁들여 마무리.

푸릇한 봄동과 귤의 상큼한 만남!
풋풋한 식감까지 싱그러운 기운으로 가득하네요.
좀처럼 기죽지 않는 봄동과 귤의 기세에
닭가슴살마저도 산뜻하게 느껴지네요.

봄보다 상큼한 겨울의 맛

봄동만다린샐러드

3인분 기준

필수 재료
봄동(5장),
어린잎채소(2줌),
귤(2개),
닭가슴살(2쪽)

밑간
소금(0.2),
후춧가루(약간),
올리브유(4)

드레싱
귤(1개), 소금(0.3),
허니머스터드(1),
레몬즙(1), 올리고당(1),
올리브유(4),
후춧가루(약간),
파슬리가루(약간)

1

봄동, 어린잎채소는 깨끗이 씻어
체에 밭치고,

2

봄동과 귤(2개)은 한입 크기로 썰고,

3

닭가슴살은 밑간해
10분간 재우고,

4

중간 불로 달군 팬에 닭가슴살을
구운 뒤 한 김 식혀 먹기 좋게 썰고,

5

귤(1개)은 2등분해 즙을 짠 뒤
나머지 드레싱 재료를 섞고,

6

그릇에 모든 재료를 담고
드레싱을 뿌려 마무리.

1인분 **304** Kcal

반끼 포인트

일반 식빵 대신 칼로리는 낮고
포만감이 좋은 통밀빵,
호밀빵을 추천해요.

시금치를 살짝만 볶아서 써봤어요.
쓴맛과 풋내가 싹 사라지면서 훨씬 부드러워지네요.
상큼한 딸기와 드레싱이 입안에서 팡팡 터지는데
뽀송한 리코타치즈와 시금치가 지그시 감싸줘요.

산뜻한 비타민 한 접시

시금치딸기샐러드

2인분 기준

필수 재료
시금치(3줌),
딸기(10개)

선택 재료
식빵(1싱),
리코타치즈(3),
아몬드 슬라이스(1)

드레싱
딸기(6개), 설탕(1),
소금(0.2), 레몬즙(2),
올리고당(1), 올리브유(1),
후춧가루(약간)

1

시금치는 뿌리를 잘라 씻은 뒤
체에 밭쳐 물기를 빼고,

2

중간 불로 달군 팬에 식용유(1)를 둘러
10초간 볶아 식히고,

3

딸기는 반으로 썰고, 식빵은 5cm 길이의
막대 모양으로 썰고,

4

중간 불로 달군 팬에 식빵을
노릇하게 구워 꺼내고,

5

드레싱 재료를 곱게 갈고,

6

시금치, 딸기를 그릇에 담고
리코타치즈(3), 식빵, 드레싱,
아몬드 슬라이스(1)를 올려 마무리.

애니메이션 제목으로도 유명한 프랑스의
대표적인 가정식이에요. 익힌 채소를 잔뜩 먹고 싶을 때 추천!
각각의 맛과 식감이 살아 있고요.
곡물빵이나 현미밥을 곁들여도 잘 어울려요.

샐러드가 지겨울 땐 익혀서!

라따뚜이

2인분 기준

필수 재료
가지(1개),
주키니호박($\frac{1}{3}$개),
토마토(작은 것 2개),
양파($\frac{1}{4}$개),
토마토소스(1컵)

선택 재료
닭가슴살(1쪽),
파르메산 치즈가루
(약간)

TIP!
훈제 닭가슴살을
사용해도 좋아요.

양념
올리브유(2),
다진 마늘(0.7),
소금(약간),
후춧가루(약간)

1

가지, 주키니호박, 토마토(1개)는 동그란 모양을 살려 얇게 썰고,

2

토마토(1개)와 양파, 닭가슴살은 다지고,

3

중간 불로 달군 팬에 올리브유(2)를 두른 뒤 다진 재료와 다진 마늘(0.7)을 볶고,

4

양파가 노릇해지면 토마토소스(1컵)를 넣어 2분간 끓이고,

5

내열용기에 소스를 깔고 슬라이스한 채소를 돌려 담은 뒤 소금(약간), 후춧가루(약간)로 간하고,

6

종이포일로 덮어 180℃로 예열한 오븐에 20분간 굽고, 파르메산 치즈가루를 뿌려 마무리.

더 맛있게! 더 건강하게!
샐러드채소 완전정복

언제까지 양배추, 양상추만 먹고 있을 건가요?
색깔은 물론 모양까지 다채로운 샐러드채소들의 특징과 맛, 효능을 낱낱이 알려드릴게요.
입맛과 체질에 맞는 채소를 골라보자고요.

루꼴라

국내에선 이탈리안 레스토랑을 통해 대중화되기 시작한 루꼴라! 특유의 향과 연한 잎이 특징이에요. 다른 향이 순한 채소와 섞어 샐러드로 즐기세요.

□ 달콤한 □ 쌉싸름한 □ 고소한
□ 아삭한 □ 떫은 □ 매운
■ 향이 강한

어디에 좋은가요?

원기회복

케일

몇 년 사이 큰 인기를 누리고 있는 양배추의 조상, 케일! 보통 녹즙을 내릴 때는 대가 굵고 잎이 큰 것을 사용하지만 샐러드를 만들 때는 부드러운 어린잎 위주로 사용해요.

□ 달콤한 ■ 쌉싸름한 □ 고소한
□ 아삭한 □ 떫은 □ 매운
□ 향이 강한

어디에 좋은가요?

빈혈, 변비

로메인

'로마인의 상추'라는 뜻의 로메인! 로마의 황제 시저가 좋아했던 채소라 하여 '시저 샐러드(Caesar's Salad)'라고도 불러요. 일반 상추보다 쓴 맛이 적고, 잎이 두툼해서 식감이 좋아요.

□ 달콤한 □ 쌉싸름한 ■ 고소한
■ 아삭한 □ 떫은 □ 매운
□ 향이 강한

어디에 좋은가요?

피부 미용, 잇몸 질환

치커리

특유의 쌉싸름한 맛에 호불호가 갈리지만, 채소의 쓴맛은 곧 건강과 직결된다는 거 아시죠? 육류를 메인으로 샐러드를 만들 때 치커리를 함께 곁들이면 서로의 풍미가 배가돼요.

□ 달콤한 ■ 쌉싸름한 □ 고소한
□ 아삭한 □ 떫은 □ 매운
■ 향이 강한

어디에 좋은가요?

소화 개선, 혈관 청소, 변비

셀러리

마요네즈 광고에서도 생으로 즐기던 바로 그 셀러리예요. 잎과 씨앗은 다른 요리에 양보하고, 샐러드에는 아삭아삭한 줄기만 사용해요. 섬유질이 풍부해 변비예방에 탁월해요.

□ 달콤한 ■ 쌉싸름한 □ 고소한
■ 아삭한 ■ 떫은 □ 매운
■ 향이 강한

어디에 좋은가요?

불면증, 피부 진정, 이뇨작용

적근대

가운데 줄기가 붉은색을 띠는 적근대는 일반 근대와 달리 쌈채소와 샐러드로 주로 쓰여요. 몸 속에 지방이 쌓이는 것을 막아주는 다이어트 필수 채소 중 하나랍니다.

■ 달콤한 □ 쌉싸름한 □ 고소한
■ 아삭한 □ 떫은 □ 매운
□ 향이 강한

어디에 좋은가요?

치아, 흰머리, 구취, 변비

아스파라거스

아스파라거스는 끓는 물에 살짝 데친 후 찬물에 헹궈 아삭하고 두툼한 식감을 살려요. 호불호가 갈릴 만한 특유의 향이 없고 열량도 낮아 다이어터들이 부담 없이 즐길 수 있어요.

□ 달콤한 □ 쌉싸름한 ■ 고소한
■ 아삭한 □ 떫은 □ 매운
□ 향이 강한

어디에 좋은가요?

피로회복, 고혈압 예방

Part 3

살 안 찌는
핑거 푸드&면 요리

짜고, 더부룩하고, 그러면서 허기는 금방 찾아오는 면 요리
도움 안 되는 일반 면 요리는 잠시 내려놓으세요.
다이어터도 즐길 수 있는 면 요리 레시피를 준비했거든요.
까르보나라에는 생크림 대신 두부를.
콩국수에는 밀가루면 대신 우뭇가사리를.
실용적이고 날씬한 대안으로 고칼로리 유혹을 뿌리쳐볼까요?

1인분
195
Kcal
반끼 포인트
렌틸콩의
식이섬유는
고구마의 10배!

렌틸콩은 식이섬유와 단백질이 풍부해 연예인들의 다이어트 식품으로 유명하죠. 강된장에 넣으니 포슬포슬~ 된장과 꼭 하나였던 것처럼 잘 어울리네요. 채소 듬뿍, 향긋한 깻잎을 더해 짜지도 않아요. 찐 양배추에 밥 대신 두부로 포만감을 채웠답니다.

단백질이 다 모였네

렌틸콩강된장쌈

2인분 기준

필수 재료
렌틸콩($\frac{1}{2}$컵),
양배추($\frac{1}{6}$통),
표고버섯(2개),
양파($\frac{1}{2}$개),
애호박($\frac{1}{5}$개),
두부($\frac{1}{2}$모=145g)

선택 재료
깻잎(2장)

양념
된장(0.7)

TIP!
끓는 물(3컵)에
두부를 30초간
데쳐두세요.

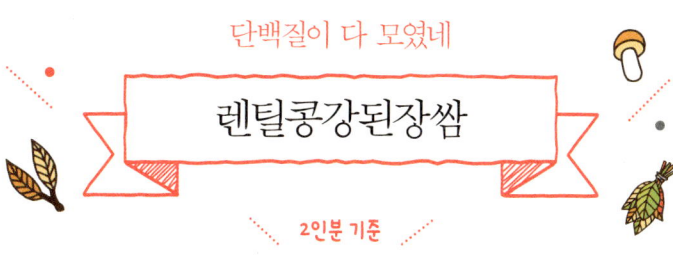

1

렌틸콩은 2~3번 헹궈 찬물에
10분간 불리고,

2

김이 오른 찜기에
양배추를 얹어 8분간 찌고,

3

표고버섯, 양파, 애호박은
작게 깍둑 썰고, 깻잎은 짧게
채 썰고, 두부는 먹기 좋게 썰고,

4

물(1컵)에 된장(0.7)을 풀고
렌틸콩을 넣어 중간 불로
끓이고,

5

끓어오르면 버섯, 양파,
애호박을 넣고 4분간 익혀
불을 끈 뒤 깻잎을 넣어
강된장을 만들고,

6

찐 양배추에 두부와
강된장을 얹고 양옆을 접어
돌돌 말아 마무리.

1인분
638
Kcal
반끼 포인트
청포도는 높은 당도에 비해
칼로리는 낮아요!

닭가슴살을 맛있고 든든하게 먹는 법! 카레가루에 버무려 노릇하게 구워 랩에 돌돌~
섬유질이 풍부하고 상큼한 청포도와 요거트의 산뜻함을 더했답니다.
이왕이면 토르티야도 통밀로 준비하세요.
일반 토르티야보다 포만감은 높고 칼로리는 낮거든요.

태글탱글 씹는 재미가 솔솔~

청포도커리치킨랩

2인분 기준

필수 재료
닭가슴살(2쪽=250g),
로메인(1포기),
청포도(1½줌)

선택 재료
블랙올리브(4개),
통밀 토르티야
(15cm×2장)

밑간
허브가루(0.2),
카레가루(0.7),
통후추 간 것(0.1),
올리브유(2)

요거트드레싱
소금(0.1)+
플레인 요거트(6)+
하프 마요네즈(1)+
통후추 간 것(0.1)

1

닭가슴살은 밑간하고,

2

로메인은 한입 크기로 썰고,
청포도는 2등분하고,
올리브는 송송 썰고,

3

토르티야는 마른 팬에
앞뒤로 노릇하게 구워 꺼내고,

4

같은 팬에 식용유(2)를 두르고
닭가슴살을 중간 불로 구워
겉면이 노릇해지면 중약 불로 줄여
속까지 익히고,

5

한 김 식혀 먹기 좋게 썰고,

6

접시에 닭가슴살, 로메인, 청포도,
올리브를 담고 토르티야와
요거트드레싱을 곁들여 마무리

볶은 버섯과 신선한 채소를 듬뿍 넣고 새콤한 발사믹크림으로 맛을 채워
반 개만 먹어도 충분한 샌드위치예요. 대파 향이 밴 쫄깃한 버섯이 고기만큼 맛있네요.
버섯은 센 불에서 재빨리 볶아야 물이 생기지 않아요.
빵을 빼고 버섯 양을 늘려 샐러드로 즐겨도 좋답니다.

따뜻한 버섯을 듬뿍 채운

버섯치아바타

2인분 기준

필수 재료
토마토($\frac{1}{2}$개),
애느타리버섯($1\frac{1}{2}$줌),
양상추(6장),
치아바타(1개),
발사믹크림(3)

선택 재료
새송이버섯(1개),
대파(7cm),
올리브유(2)

양념
소금(0.3),
후춧가루(0.1)

1

토마토는 둥근 모양을 살려 썰고,
애느타리버섯은 가닥가닥 찢고,
새송이버섯은 납작 썰고,
대파는 굵게 다지고,

2

양상추는 손으로 굵게 찢어
찬물에 5분간 담갔다가
물기를 빼고,

TIP!
완전히 반으로 가르는 것보다 재료가 덜 빠져요.

3

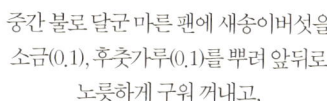

중간 불로 달군 마른 팬에 새송이버섯을
소금(0.1), 후춧가루(0.1)를 뿌려 앞뒤로
노릇하게 구워 꺼내고,

4

같은 팬에 올리브유(2)를 둘러
약한 불에서 대파를 볶다가 향이 올라오면
애느타리버섯을 넣어 센 불에서
재빨리 볶아 소금(0.2)으로 간해 꺼내고,

5

칼을 가로로 눕힌 뒤
치아바타에 깊숙하게 칼집을
넣어 벌리고,

TIP!
먹기 좋게 잘라요.

6

양상추와 토마토, 버섯을
채우고 발사믹크림을 뿌려
마무리.

1인분
52
Kcal
반끼 포인트
시판 드레싱소스나
와사비간장을 곁들여도
좋아요.

김밥 한 줄에 밥이 은근 많이 들어가죠?
이건 밥 없이 김 속에 생채소를 꽉꽉 채워 넣어 몇 줄이고 부담 없이 먹을 수 있어요.
채소가 시원하게 씹히고 묵은지가 깊은 맛을 더해 심심하지 않답니다.
냉장실 속 남은 자투리 채소를 처분하기도 좋아요.

탄수화물 Zero 김밥

묵은지노리롤

2인분 기준

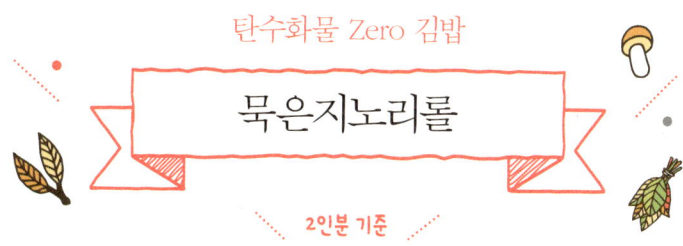

필수 재료
묵은지(1컵),
오이($\frac{1}{2}$개),
두 가지 색 파프리카($\frac{1}{2}$개씩),
김밥용 김(2장),
쌈채소(6장)

선택 재료
새싹채소(1줌)

TIP!
삶은 닭가슴살이나
훈제연어 등을 더하면
더 든든해요.

1

묵은지는 물에 양념을 씻은 뒤
길게 찢고, 오이와 파프리카는 채 썰고,

2

새싹채소는 체에 밭쳐 흐르는 물에
헹군 뒤 물기를 빼고,

TIP!
밑에는 넓은 잎채소,
위에는 묵은지를 얹어야
말기 편해요.

3

김 위에 쌈채소(3장)를 깐 뒤
손질한 재료를 얹고,

4

김 끝에 물을 살짝 묻힌 뒤 속재료가
움직이지 않도록 단단하게 말고,

TIP!
김이 부드러워질 때까지
잠시 두었다가 썰어요.

5

먹기 좋은 크기로 썰어 마무리.

곡물빵에 빵빵하게 채운 단호박샐러드와 아삭한 사과를 앙~
치즈를 깔아 눅눅함도 막고 단백질도 더했답니다.
달콤함이 입안 가득해 꼭 맛있는 디저트를 먹는 기분이!
고소한 풍미에 식감까지 여러모로 알찬 조합이네요.

달콤한 영양을 채운

단호박사과샌드위치

2인분 기준

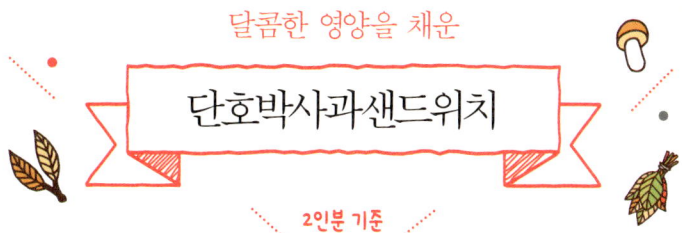

필수 재료
단호박($\frac{1}{2}$개=400g), 사과($\frac{1}{3}$개), 곡물식빵(4장)

선택 재료
아몬드 슬라이스($\frac{1}{2}$줌), 슬라이스 모차렐라치즈(2장)

양념
올리고당(0.7), 플레인 요거트(3)

TIP! 영양이 풍부한 껍질이 아작아작 씹혀요.

1

단호박은 껍질을 듬성듬성 벗기고 씨를 긁어내 4등분한 뒤 비닐백에 담아 전자레인지에 5분간 익히고,

2

뜨거울 때 포크로 으깨 한 김 식히고,

3

사과는 씨를 제거해 껍질째 납작 썰고,

TIP! 올리고당과 요거트의 양은 제품 농도에 맞게 조절해 묽지 않도록 해요.

4

으깬 단호박에 아몬드 슬라이스와 양념을 섞고,

5

마른 팬에 식빵을 앞뒤로 노릇하게 구워 꺼내고,

6

식빵 위에 치즈 → 단호박샐러드 → 사과를 얹고 나머지 식빵으로 덮어 마무리.

꼭 고기가 들어가야 버거인가요?
햄버거빵은 호밀식빵으로, 고기 대신 영양 만점 두부를 더해
하나만 먹어도 든든하고 속도 편하답니다.
발사믹식초에 달큰하게 조린 양파를 넣었더니 소스도 필요 없네요.

고기가 없어도 이런 맛이!

두부버거

2인분 기준

TIP! 고소하고 담백한 맛의 호밀식빵은 일반 식빵에 비해 칼로리가 낮고 섬유소가 풍부해요.

필수 재료
양파($\frac{2}{3}$개), 토마토($\frac{2}{3}$개), 부침용 두부(1팩=290g), 호밀식빵(4장)

선택 재료
양상추(3장)

양념
소금(0.2), 후춧가루(0.1), 씨겨자(2), 발사믹식초($\frac{1}{3}$컵), 꿀(0.5)

TIP! 마요네즈(180kcal) VS 씨겨자(20kcal) (2숟가락 기준)

TIP! 소금을 뿌리면 삼투압효과로 두부의 물기가 빠지고 간이 배요. 키친타월로 꼼꼼히 물기를 닦아 사용해요.

TIP! 젓가락 위에 식빵을 놓아 식히면 빵이 눅눅해지는 것을 막아줘요.

1

양파는 채 썰고, 토마토는 얇게 납작 썰고, 양상추는 한입 크기로 찢고,

2

두부는 길게 6등분해 키친타월에 올린 뒤 소금(0.2), 후춧가루(0.1)로 간하고,

3

중간 불로 달군 마른 팬에 호밀식빵을 올려 앞뒤로 노릇하게 구워 식힌 뒤 씨겨자를 얇게 바르고,

TIP! 두부가 탈 것 같다면 식용유 대신 물(2)을 둘러 기름 양을 최소화해요.

4

중간 불로 달군 팬에 식용유(1)을 두르고 두부를 앞뒤로 노릇하게 굽고,

5

같은 팬에 물(3)을 두르고 양파를 넣어 숨이 죽을 때까지 볶다가 발사믹식초를 넣어 졸이고,

6

호밀식빵 위에 양상추, 두부, 양파볶음, 토마토를 올리고 다시 호밀식빵으로 덮어 마무리.

1인분
584
Kcal
반끼 포인트
아보카도 칼로리가 100g당
187Kcal로 높은 편이지만
75%가 몸에 좋은
식물성 지방이랍니다.

햄버거빵 대신에 아보카도를 통째 사용했어요.
한입 베어 물면 사르르~
아보카도가 무너지며 신선한 연어샐러드가 터져 나와요.
레몬을 직접 짜 넣은 상큼한 드레싱이 느끼함도 잡아주네요

버거가 된 샐러드

아보카도연어버거

2인분 기준

필수 재료
오이($\frac{1}{2}$개),
치커리($\frac{1}{2}$줌),
토마토($\frac{1}{4}$개),
아보카도(2개),
훈제연어(6쪽)

레몬오일드레싱
레몬즙(3=$\frac{1}{2}$개 분량),
올리브유(5),
간장(0.5),
다진 양파(1), 꿀(1)

1

오이는 감자칼로 길게 깎고,
치커리는 7cm 길이로 썰고,
토마토는 둥그런 모양을 살려
얇게 썰고,

2

아보카도는 씨가 닿을 때까지
칼집을 넣어 반 갈라 씨를 빼
숟가락으로 과육만 파내고,

3

아보카도 → 토마토 →
오이 → 치커리 → 훈제연어 →
아보카도 순으로 얹고,

4

레몬오일드레싱을 곁들여
마무리.

브런치 메뉴에 빠지지 않는 수란!
단백질 보충도 되고 노른자를 터뜨려 촉촉하게 먹는 재미를 주네요.
버섯은 수분이 날아가도록 센 불에 바싹 볶아주세요.
식감과 풍미가 오래가고 빵이 축축해지지 않는답니다.

버섯둥지 위에 달걀 하나

수란버섯볶음토스트

2인분 기준

필수 재료
통밀식빵(4장),
애느타리버섯(4줌),
달걀(4개)

TIP!
달걀은 미리
작은 그릇에
깨 두세요.

양념
올리브유(1),
다진 마늘(0.5),
소금(0.7), 식초(1),
통후추(약간),
발사믹크림(적당량)

TIP!
바닥면이
축축해지지 않도록
세워서 식혀요.

1

마른 팬에 식빵을 앞뒤로
노릇하게 구워 꺼내고,

TIP!
물기가 마르도록
넓게 펼쳐 식혀요.

2

버섯은 가닥가닥 찢은 뒤 센 불로
달군 팬에 올리브유(1)를 둘러 2분간 볶고,
중간 불로 줄여 다진 마늘(0.5), 소금(0.2)을
넣고 20초간 볶은 뒤 식히고,

TIP!
물 양이 넉넉해야
달걀이 가라앉지 않아요.

3

끓는 물(7컵)에 소금(0.5),
식초(1)를 넣고 숟가락으로
휘저어 회오리를 만든 뒤
달걀을 넣고 2분간 익혀 건지고,

4

토스트 위에 버섯볶음과
수란을 올린 뒤 통후추를 갈고
발사믹크림을 뿌려 마무리.

중동에서 온 건강식

카넬리니빈후무스

1인분 296 Kcal

반끼 포인트

카넬리니빈에 풍부한 파세올라민은 탄수화물 흡수를 줄이고 콜레스테롤 수치는 낮춰줘요. 식물성 단백질은 우유의 787배, 식이섬유는 사과의 1,743배나 많답니다.

2인분 기준

필수 재료
카넬리니빈(1$\frac{1}{2}$컵)

선택 재료
캐슈넛(2)

양념
소금(0.2), 카레가루(0.5), 허브가루(약간), 레몬즙(0.7), 올리브유(2)

'미녀들의 콩',
카넬리니빈으로 만든 후무스.
비타민, 단백질, 식이섬유는 가득~
칼로리는 부담 없는
중동식 디핑소스랍니다.
호밀빵과 채소스틱을 곁들이면
한 끼 식사로 충분!

TIP! 미리 불리면 삶는 시간이 반으로 줄어요.

1

카넬리니빈은 잠길 정도의 물에 담가 냉장실에서 5~6시간 정도 불리고,

2

TIP! 콩 삶은 물은 버리지 말고 남겨두세요.

냄비에 물(4컵)과 불린 콩을 넣고 뚜껑을 덮어 30~40분간 삶은 뒤 체에 밭쳐 한 김 식히고,

TIP! 뻑뻑하다면 콩 삶은 물을 조금씩 넣어가며 농도를 조절하세요.

3

믹서에 삶은 콩과 캐슈넛(2), 콩 삶은 물($\frac{1}{2}$컵), 양념을 넣고 곱게 갈아 마무리.

고소하면서도 풋풋한

깻잎페스토

3컵 분량

필수 재료
파르메산치즈($\frac{2}{3}$컵 분량),
깻잎(2줌), 마늘(5쪽),
올리브유($\frac{2}{3}$컵),
레몬즙(1), 소금(약간),
후춧가루(약간)

깻잎이 넉넉히 남았다면
페스토를 만들어 두세요.
초록빛으로 진하게 물들여가며
깻잎의 맛과 향을 더한답니다.
빵에 슥 발라도 맛있고요.
파스타나 스테이크 소스로도
좋아요.

1

파르메산치즈는 그레이터에 갈고,

2

깻잎은 잘게 썰고, 마늘은 납작 썰고,

3

믹서에 모든 재료를 넣고
곱게 갈아 마무리.

흔한 토마토소스 대신 깻잎페스토를 사용해 맛과 모양이 남달라요.
기존 피자보다 고소하고 신선하답니다.
가지와 토마토를 올려 촉촉하고 짜지 않아 좋아요.

건강미가 가득한

깻잎페스토피자

2인분 기준

필수 재료
가지($\frac{1}{2}$개), 토마토($\frac{1}{2}$개), 토르티야(20cm 1장), 슈레드 모차렐라치즈($\frac{1}{2}$컵)

양념
소금(0.1), 깻잎페스토(4+적당량)

1

가지는 납작 썰고, 토마토는 6등분하고,

2

TIP! 물기를 빼야 피자가 축축해지지 않고 식감이 좋아요.

가지는 소금(0.1)을 뿌려 물기가 생기면 키친타월로 닦고,

3

토르티야에 깻잎페스토(4)를 바른 뒤 가지, 토마토, 모차렐라치즈를 얹고,

4

TIP! 구운 피자 위에 깻잎페스토를 더 뿌려도 좋아요.

180℃로 예열한 오븐에 10분간 구워 마무리.

크림 범벅 까르보나라에 두부의 착함을 장착!
생크림 대신 두부를 갈아 넣었더니 순수한 맛의 까르보나라가 완성돼요.
베이컨 대신 채소를 듬뿍 넣어 식감도 풍성해요.

두부라서 괜찮아

두부까르보나라

2인분 기준

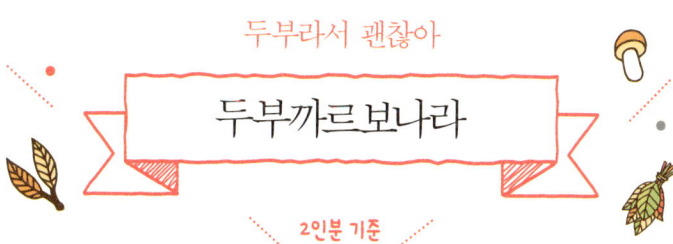

TIP! 두부는 부드러운 찌개용 두부를 사용했어요.

필수 재료
양송이버섯(3개), 두부($\frac{1}{2}$모=145g), 우유(2컵), 스파게티($1\frac{1}{2}$줌=150g), 달걀노른자(1개)

선택 재료
브로콜리($\frac{1}{3}$개)

양념
소금(1+약간), 올리브유(2), 다진 마늘(1.5), 파르메산 치즈가루(약간), 통후추(약간)

TIP! 두부는 우유(2컵)와 함께 믹서에 곱게 갈아 소스를 만들어둬요.

1

양송이버섯은 납작 썰고,
브로콜리는 한입 크기로 썰고,

2

끓는 물(5컵)에 소금(1)을 풀고
브로콜리를 30초간 데쳐
건지고,

TIP! 면수($\frac{1}{4}$컵)는 버리지 말고 남겨두세요.

3

같은 물에 스파게티를 넣어
7분간 삶아 건지고,

4

중간 불로 달군 팬에
올리브유(2)를 둘러
다진 마늘(1.5)과 버섯을
1분간 볶고,

5

소스를 부어 바글바글
끓으면 브로콜리와 스파게티,
면수($\frac{1}{4}$컵)를 넣어 끓이고

TIP! 부족한 간은 소금으로 맞춰요.

TIP! 노른자는 식기 전에 파스타와 버무려요.

6

농도가 살짝 걸쭉해지면
접시에 담아 달걀노른자를 얹고
치즈가루와 통후추를 갈아 뿌려
마무리.

1인분
337
Kcal
반끼 포인트
식이섬유가 풍부하고
칼로리가 낮은 꼬시래기와
메밀면을 섞어 활용했어요.
일반 비빔국수(649kcal)에 비해
칼로리는 절반 정도 낮아요.

바다의 국수로 불리는 염장 꼬시래기.
구수한 맛이 일품인 메밀국수와 만났어요.
꼬들한 식감과 입안 가득 퍼지는 메밀향이 찰떡궁합!
김치를 송송 썰어 넣은 새콤한 양념장이 입에 착착 달라붙어요

바다에서 온 국수

꼬시래기메밀국수

2인분 기준

필수 재료
염장 꼬시래기($\frac{2}{3}$줌=70g),
양파($\frac{1}{4}$개), 오이($\frac{1}{4}$개),
메밀국수(1줌)

선택 재료
방울토마토(1개)

김치양념장
김치($\frac{2}{3}$컵)+
고춧가루(0.7)+
간장(1)+식초(1.5)+
올리고당(1)+
고추장(2)+
참기름(0.7)+
참깨(0.2)

TIP!
김치는
잘 익은 걸로
준비!

1

꼬시래기는 흐르는 물에
2~3번 헹군 뒤 찬물에 30분간 담가
짠맛을 빼고,

2

양파와 오이는 곱게 채 썰고,
방울토마토는 2등분하고,

3

김치는 송송 썰어
나머지 김치양념장 재료와 섞고

4

끓는 물(4컵)에 꼬시래기를 넣어
10초간 데쳐 찬물에 헹구고,

5

같은 물에 메밀국수를
4분간 삶아 흐르는 물에 비벼
씻은 뒤 꼬시래기와 섞고,

6

그릇에 담은 뒤 손질한 채소와
김치양념장을 얹어 마무리.

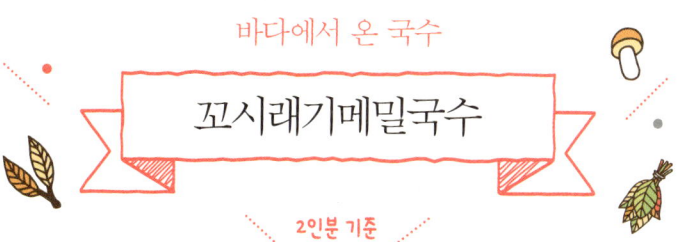

반끼 포인트

양지로 국물을 낸 쌀국수는 의외로 지방함량이 높아요. 단백질이 쇠고기의 4배인 황태로 대신해 영양가는 높이고 기름기는 줄였어요.

우리에게 익숙한 베트남 쌀국수를 한국식으로 바꿨어요.
쌀국수의 단짝인 양지 대신 황태채와 무를 사용!
익숙한 듯 새로운 맛을 냈어요. 담백하면서도 깔끔한 맛이 최고예요.

국물까지 부담 없이 원샷

황태쌀국수

2인분 기준

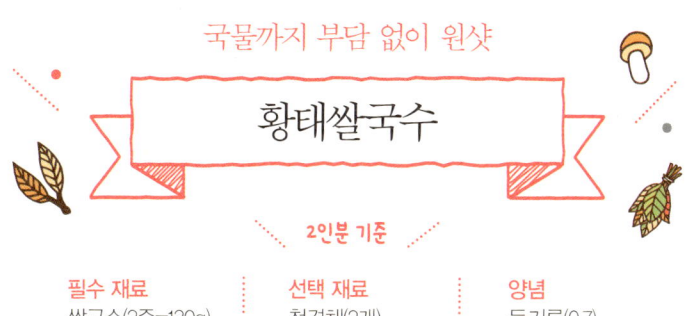

필수 재료
쌀국수(2줌=130g),
황태채(1줌),
무(1토막=150g)

선택 재료
청경채(2개),
홍고추($\frac{1}{2}$개)

양념
들기름(0.7),
멸치액젓(1.5),
국간장(1),
다진 마늘(0.5),
후춧가루(약간)

1

쌀국수가 잠길 정도로 찬물을 부어
30분간 불리고,

2

황태채는 흐르는 물에 헹궈
물기를 짠 뒤 먹기 좋은 크기로 찢고,

3

무는 채 썰고, 청경채는 2~4등분하고,
고추는 어슷 썰고,

4

중간 불로 달군 냄비에 들기름(0.7)을
두른 뒤 황태채와 무를 넣어
무가 반투명해지도록 3~4분간 볶고,

5

물(4$\frac{1}{2}$컵)을 부어 7분간 더 끓인 뒤
나머지 양념과 청경채를 넣고

6

불린 쌀국수를 육수에 10초간 담갔다
건져 그릇에 담고 육수를 부은 뒤
홍고추를 올려 마무리.

1인분
95
Kcal
반끼 포인트
도토리묵은 100g당 칼로리가
20kcal 정도인 대표적인 다이어트
식품! 특히 도토리의 탄닌 성분이
몸속에 지방이 흡수되는 걸
막아줘요. 양념장과 김치를
생략해 더욱 담백하게
조리했어요.

시원한 묵사발 대신 따끈한 묵국수로 즐겨보세요.
맛은 잔치국수랑 비슷한데 소면 대신 묵을 넣어 칼로리 부담이 없답니다.
멸치육수만 내면 나머진 라면 끓이듯 훌훌~
현미밥을 한 주먹 더해 묵국밥으로도 먹어도 별미네요.

잔치국수보다 가볍게!

온묵국수

2인분 기준

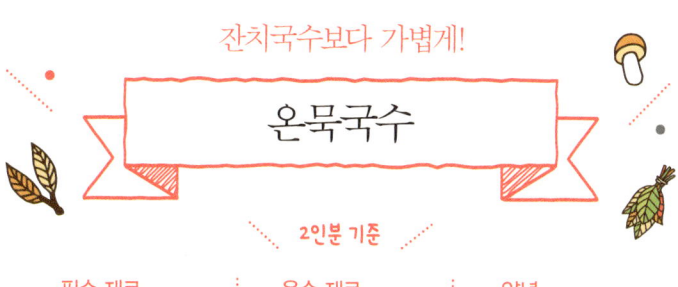

필수 재료
도토리묵(1모=400g), 쪽파(2대), 숙주(2줌)

선택 재료
홍고추(½개)

육수 재료
국물용 멸치(10마리), 다시마(1장=5×5cm), 양파(¼개)

양념
국간장(1)

1. 물(4컵)에 육수 재료를 넣고 중간 불에서 15분간 끓여 건더기를 건져낸 뒤 국간장(1)으로 간하고,

2. 묵은 막대 모양으로 썰고, 쪽파는 송송 썰고, 홍고추는 어슷 썰고,

3. 끓는 물(3컵)에 숙주를 10초간 데쳐 건지고,

4. 숙주를 데친 물에 묵을 넣어 따뜻해지도록 1분간 끓여 데우고,

5. 그릇에 묵을 담고 육수를 부은 뒤 숙주, 쪽파, 고추를 얹어 마무리.

일반 잡채는 재료를 하나하나 볶기 때문에 칼로리가 무한정 올라가게 돼요.
이 잡채는 찌듯이 익혀 만드는 과정도 간편하고, 영양소 손실도 적어요.
녹두당면을 사용하니 탄수화물도 확 줄어드네요.

기름에 볶을 필요 없는

녹두당면채소잡채

2인분 기준

필수 재료
녹두당면(1줌=50g),
양파($\frac{1}{3}$개),
당근($\frac{1}{4}$개),
표고버섯(2개),
부추($\frac{1}{2}$줌)

선택 재료
팽이버섯($\frac{1}{2}$줌)

밑간
소금(0.2), 참기름(0.3)

양념
물($\frac{1}{3}$컵)+
간장(2)+
청주(1)+
올리고당(0.7)+
참기름(0.3)+
후춧가루(약간)

1

녹두당면은 물에 1시간 이상
불린 뒤 물기를 빼고,

2

양파, 당근, 표고버섯은
채 썰고, 부추와 팽이버섯도
비슷한 길이로 썰고,

3

양파, 당근, 표고버섯은
밑간하고,

4

냄비에 밑간한 채소와
녹두당면을 번갈아 깔고,

5

양념을 부은 뒤 뚜껑을 덮어
중약 불에서 5분간 익히고,

6

팽이버섯과 부추를 넣고
다시 뚜껑을 덮어 약한 불로
3분간 익혀 마무리.

1인분
298
Kcal
반끼 포인트
토르티야나
꽃빵에 싸먹어도
잘 어울려요.

파프리카는 기름에 볶으면 영양 흡수율이 더 높아져요.
아삭아삭할 정도로 살짝만 볶고 버섯과 돼지고기를 더해 갖가지 식감이 풍성한 잡채를 만들었어요.
파프리카와 육즙이 양념장과 어우러져 좀 식어도 촉촉하니 맛있답니다.

느끼한 잡채와는 달라요

파프리카잡채

2인분 기준

필수 재료
느타리버섯(1줌), 두 가지 색 파프리카(½개씩), 돼지고기 안심(170g)

선택 재료
청피망(½개)

밑간
소금(0.1), 후춧가루(약간)

양념
소금(약간), 후춧가루(약간)

양념장
설탕(0.5)+ 간장(2)+ 참기름(1)+ 참깨(0.2)

1

느타리버섯은 밑동을 제거해 결대로 찢고, 파프리카와 피망, 돼지고기는 채 썰고,

2
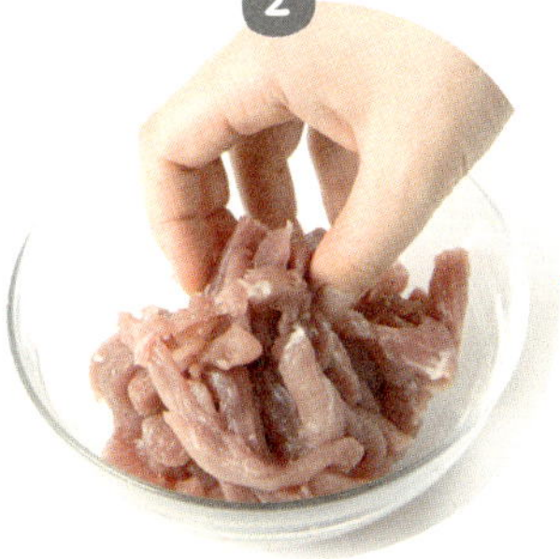
돼지고기는 밑간하고,

3

센 불로 달군 팬에 식용유(1)를 둘러 손질한 채소와 양념을 넣어 40초간 볶아 꺼내고,

4

같은 팬에 식용유(1)를 둘러 돼지고기를 중간 불로 2분간 볶아 색이 고르게 변하면 모든 재료와 양념장을 넣고 섞어 마무리.

밥은 먹기 싫고 면이 당기는 날, 라면이나 파스타 대신 실곤약으로 만든 잡채를 추천해요.
실곤약은 당면과 모양은 비슷하지만 더 탱글탱글하고 칼로리도 낮아요.
기름을 줄이고 채소를 듬뿍 넣으니 담백하고 건강한 한 끼 완성!

먹어본 곤약 요리 중 최고!

실곤약잡채

1인분 기준

TIP!
당면(349kcal) VS 실곤약(12kcal) (100g 기준)

필수 재료
시금치($\frac{1}{2}$줌=70g), 당근($\frac{1}{5}$개), 양파($\frac{1}{4}$개), 표고버섯(2개), 실곤약(1봉지=200g)

선택 재료
파프리카($\frac{1}{4}$개)

양념
소금(0.2) 참깨(1), 참기름(0.5)

양념장
물(2)+간장(2)+청주(1)+꿀(1)+다진 마늘(0.7)+다진 파(1.5)+후춧가루(0.1)

TIP!
설탕 대신 꿀로 단맛을 냈어요.

TIP!
마른 팬에 볶으면 수분이 날아가 냄새가 사라지고 식감도 좋아져요.

1

시금치는 밑동을 제거해 2등분하고, 당근, 양파, 파프리카는 채 썰고, 표고버섯은 납작 썰고,

2

실곤약은 흐르는 물에 헹군 뒤 마른 팬에서 중간 불로 4분간 볶아 물기를 날리고,

3

끓는 소금물(물3컵+소금0.2)에 버섯과 시금치를 각각 넣고 5초간 데쳐 찬물에 헹궈 가볍게 물기를 짜고

TIP!
당근은 물에 데치는 것보다 기름에 볶아야 영양 흡수가 잘돼요.

4

중간 불로 달군 팬에 식용유(1)를 두르고 당근을 볶다가 테두리가 투명해지면 양파와 실곤약을 넣어 2분간 볶은 뒤 양념장을 넣고,

5

양념장이 자작해지면 불을 끈 뒤 시금치, 버섯, 파프리카를 넣어 가볍게 섞고, 참깨(1)와 참기름(0.5)을 뿌려 마무리.

1인분
137
Kcal
반찌 포인트
곤약은 100g당 10kcal 정도로
떡볶이 떡의 $\frac{1}{20}$ 수준. 식감도 좋고
포만감도 오래가요. 그래도
부족한 식감은 버섯, 당근으로
채웠어요. 채소가 넉넉히 들어가서
단맛도 나고 아삭아삭 맛있어요.

다이어트 중이라고 늘 심심하게만 먹을 수 있나요?
양념은 맛있게 하고 대신 재료를 바꿔 칼로리를 확 낮췄답니다!
떡볶이에 떡 대신 탱글탱글한 곤약을 넣어도 정말 맛있네요.

양념은 맛있게! 재료는 가볍게!

곤약볶이

2인분 기준

TIP!
채소가 넉넉히 들어가야 맛있고 포만감이 오래가요. 다른 자투리채소를 넣어도 좋아요.

필수 재료
새송이버섯($\frac{1}{2}$개), 어묵(1장), 양파($\frac{1}{2}$개), 대파(7cm), 곤약(1개=240g)

선택 재료
당근($\frac{1}{4}$개)

양념
식초(1)

양념장
고춧가루(2)+ 국간장(0.5)+ 고추장(0.7)+ 올리고당(1.5)

TIP!
식촛물에 데쳐 곤약 냄새를 뺀 뒤 헹궈서 식초 냄새도 씻어주세요.

1

버섯과 어묵은 한입 크기로 썰고, 양파와 당근은 채 썰고, 대파는 어슷 썰고,

2

끓는 물(3컵)에 식초(1)를 넣고 막대 모양으로 썬 곤약을 1분간 데쳐 헹군 뒤 체에 밭쳐 물기를 빼고,

3

팬에 물(2컵)과 양념장을 풀어 끓이고,

4

끓어오르면 대파를 뺀 모든 재료를 넣어 끓이고,

5

곤약에 양념이 배어들면 대파를 넣어 마무리.

날아갈 듯 가벼운

우무콩국

1인분 268 Kcal

반끼 포인트

우뭇가사리묵을 직접 만들어요
물(3컵)에 한천가루(0.7)를 넣어
중간 불로 5분간 끓인 뒤
밀폐용기에 담아
실온에서 굳혀요.

2인분 기준

필수 재료
우뭇가사리묵
($\frac{1}{2}$모=250g)

선택 재료
오이($\frac{1}{6}$개),
토마토($\frac{1}{2}$개)

콩국물 재료
두부(1모=290g),
우유(2컵),
참깨(4), 소금(0.2)

탱글탱글한 우뭇가사리묵은
100g당 고작 3kcal!
식감이 가볍고 산뜻한
초간단 두부 콩국물을 부어
후다닥 만들어요.

1

우뭇가사리묵과 오이는
채 썰고, 토마토는 4등분
하고,

2

콩국물 재료를 믹서로
곱게 갈고,

3

그릇에 채 썬 묵을 담고
콩국물을 부은 뒤 오이와
토마토를 얹어 마무리

반끼면
충분한
슬림팁
03

어떤 면이 다이어트에 더 적합할까?

다이어트를 실패하게 하는 복병은 왜 이리도 많은지. 면은 후루룩 하는 재미에
밥보다 많이 먹게 되고, 소화가 빨라 뒤돌아서면 헛헛해지죠.
면을 사랑하는 다이어터들은 주목!
칼로리 낮은 면으로 대체해서 죄책감 없이 즐겨볼까요?

Round1 파스타

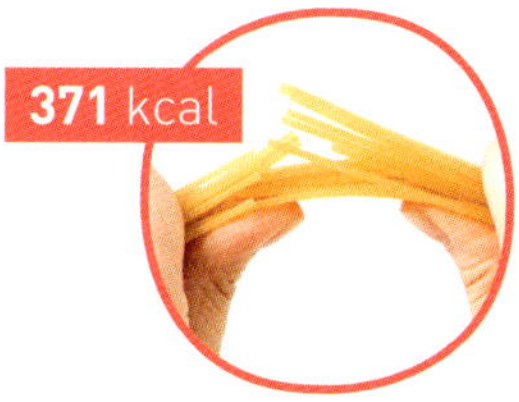

vs

하얀 정제 밀가루로 만든 파스타는 영양 가치가 거의 없고 당 지수만 높아요. 그럴 땐 통밀가루로 만든 파스타를 활용해보세요. 식이섬유, 단백질, 비타민 등 영양소가 풍부해요. 포만감도 훨씬 오래간답니다.

Round2 소면

vs

소면은 유난히 금방 배가 꺼지고 헛헛해져요. 하지만 소화가 빠르다고 칼로리도 낮은 건 아니랍니다. 소면이 끌리는 날엔 쌀국수로 대체해보세요. 무려 10배나 낮은 칼로리에 놀랄 거예요.

Round3 쫄면

vs

특유의 식감으로 사랑받는 쫄면은 고칼로리 요리의 선두주자! 한 번 입에 넣으면 오래 씹어야 해서 양념이 자극적일 수밖에 없거든요. 그럴 땐 0칼로리라는 별명을 가진 포만감 끝판왕, 곤약면을 활용해보세요.

Round4 냉면

vs

차가운 냉면육수에는 우리가 느끼는 맛보다 훨씬 많은 양의 감미료가 들어가요. 면 자체의 칼로리도 꽤 높답니다. 그럴 땐 식이섬유가 풍부하고 칼로리도 낮은 우뭇가사리로 시원한 면 요리를 즐겨보세요.

Part 4

고단백 저탄수
육류&해물 요리

단백질 듬뿍 섭취하는 고단백 저탄수 다이어트!

물리게 먹는 닭가슴살도 더욱 맛있게~

해신물 요리도 더 새롭게~

나만을 위한 다이어트 특식을 만들어보세요.

다이어터라고 해서 먹는 즐거움을 포기하지 말자고요.

닭가슴살 사이사이에 치즈와 채소를 가득 채워 구워보세요.
부드러운 치즈와 시금치가 맛과 식감을 더하고,
토마토즙이 촉촉하게 흘러나와 소스가 없어도 퍽퍽하지 않답니다.
간만에 칼질하니 외식하는 기분도 들고 먹고 나서 속도 편하네요

우아하게 칼질하는

아코디언닭가슴살

2인분 기준

필수 재료
닭가슴살(3쪽=350g), 시금치($1\frac{1}{3}$줌=130g), 리코타치즈($\frac{1}{2}$컵)

선택 재료
우유(1컵), 토마토($\frac{1}{2}$개)

양념
소금(0.2), 후춧가루(약간)

TIP!
우유에 재우면 누린내가 줄어요. 생략해도 돼요.

1

닭가슴살은 우유에 10분간 담갔다가 건져 키친타월로 가볍게 닦아내고

2

3cm 간격으로 깊게 칼집을 넣어 소금(0.1), 후춧가루로 밑간하고,

3

시금치는 밑동을 잘라내 2~3등분하고, 토마토는 얇게 납작 썰고,

4

중간 불로 달군 팬에 식용유(0.5)를 두르고 시금치와 소금(0.1)을 넣어 숨이 죽을 정도로 볶고,

5

불에서 내려 한 김 식힌 뒤 리코타치즈를 넣어 가볍게 섞고,

6

닭가슴살 칼집 사이에 치즈시금치와 토마토를 채워 넣고 200℃로 예열한 오븐에 8분간 구워 마무리.

반끼 포인트

고구마는 탄수화물이 높은 반면 혈당지수(GI)는 55로 낮은 편이에요. 구우면 당이 올라가 칼로리가 높아지기 때문에 쪄서 사용했어요.

다이어트 단골 재료 두 가지로 밥 대신 먹기 좋은 한 끼를 만들었어요.
부드러운 고구마 속에 담백한 닭가슴살을 가득~ 사실 요건 다 같이 먹어야 맛있어요.
새콤 묵직한 바비큐소스에 달콤하고 포근한 고구마,
날아갈 듯 상큼한 소스가 제대로 어우러지거든요.

속 터지게 채워도 가벼워!

닭가슴살고구마보트

2인분 기준

필수 재료
고구마(2개),
닭가슴살(2쪽)

삶는 재료
대파(1대),
마늘(2쪽), 통후추(5알)

요거트드레싱
허브가루(0.2)+
플레인요거트($\frac{1}{2}$컵)+
레몬즙(2)+올리고당(1)

양념
바비큐소스(3)

1 고구마는 깨끗이 씻어 젓가락이 완전히 들어갈 때까지 찜기에 익히고,

TIP! 센 불로 익히면 닭가슴살이 퍽퍽해져요

2 냄비에 닭가슴살이 잠길 만큼 물을 부어 끓어오르면 삶는 재료를 넣고 중약 불로 7분간 익히고,

TIP! 소스는 간이 될 정도만 넣어 칼로리를 최소한으로!

3 닭가슴살은 결대로 찢어 바비큐소스(3)에 버무리고,

TIP! 칼집 넣은 부분을 벌린 뒤 젓가락으로 꾹꾹 눌러 고기 얹을 공간을 만드세요

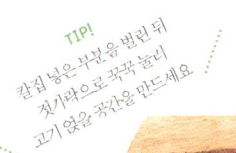

4 고구마에 깊게 칼집을 내 닭가슴살무침을 채우고,

5 요거트드레싱을 뿌려 마무리.

매콤달콤한 중국 요리가 생각날 땐 참지 말고 즐기세요.
닭튀김 대신 닭가슴살을 구워 넣은 유린기는 샐러드처럼 건강해요.
아삭한 채소와 상큼한 소스 덕에 먹고 나서도 입안이 개운하답니다.

칼로리가 확 줄었네

닭가슴살유린기

2인분 기준

필수 재료
닭가슴살(3쪽),
양상추(5장)

선택 재료
대파(10cm),
적양파($\frac{1}{2}$개),
홍고추($\frac{1}{2}$개)

밑간
소금(0.1),
후춧가루(0.1),
허브가루(0.3),
올리브유(2)

유린기소스
마늘(1쪽)+
통후추(0.2)+
물($\frac{1}{3}$컵)+
간장(2)+식초(2)+
올리고당(1.5)

TIP!
마늘은 얇게
썰어 넣어야
향이 잘 우러나요.

TIP!
소스를 식힌 뒤 넣어야
고추의 색이 변하지 않아요.

1

닭가슴살은 10분간 밑간하고,

2

대파는 얇게 채 썰어 찬물에 담그고,
적양파는 동그란 모양을 살려 얇게 썰고,
고추는 반으로 갈라 씨를 털어낸 뒤
송송 썰고,

3

냄비에 유린기소스를 담아 중간 불에서
끓어오르면 불을 끄고 체에 걸러
한 김 식힌 뒤 고추를 섞고,

4

중간 불로 달군 팬에
닭가슴살을 올려 앞뒤로
노릇하게 구운 뒤 약한 불로
뚜껑을 덮어 속까지 익히고,

5

한 김 식혀 도톰하게
어슷 썰고,

6

양상추를 손으로 뜯어
접시에 깔고 닭가슴살,
적양파, 채 썬 대파를 올린 뒤
유린기소스를 곁들여 마무리.

기름 둥둥 뜬 미역국에 대한 부담감을 확 줄였어요.
닭가슴살을 푹 익히고 육수까지 알뜰하게!
미역을 기름에 볶지 않아 가벼우면서도 육수에 끓여 맛은 깊어요.
섬유질이 풍부한 미역과 촉촉한 닭가슴살을 듬뿍 맛보세요

국물 조금, 건더기 많이

닭가슴살미역국

2인분 기준

필수 재료
마른 미역(3=15g),
닭가슴살(2쪽)

TIP!
통으로 된
일반 미역은 불린 뒤
먹기 좋게 자르세요.

밑간
소금(0.1),
국간장(1),
다진 마늘(0.7),
후춧가루(0.1)

1

미역은 찬물에 15분간 불린 뒤
물기를 짜고,

2

TIP!
거품을
걷어가며 끓여요.

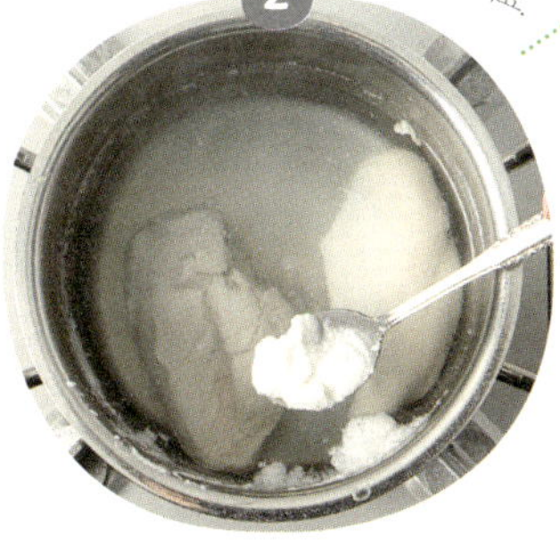

냄비에 물(5컵)과 닭가슴살을 넣어
끓어오르면 중약 불로 줄여 10분간
익힌 뒤 건지고,

3

TIP!
오래 끓일수록 미역이
부드럽고 맛있어요.

닭가슴살 삶은 물에 미역을 넣고
뚜껑을 덮어 중간 불로 15~20분간
끓이고,

4

건져낸 닭가슴살은 굵게 찢어 밑간하고,

5

미역이 부드럽게 익으면 밑간한
닭가슴살을 넣고 조금 더 끓여 마무리.

해물만 쏙 빼고 통조림 닭가슴살을 추가했더니!
치킨스톡 없이도 짭조름한 감칠맛이 돌고요.
게살을 넣은 듯 고급스러운 모양새와 든든함이 더해졌어요.
채소만 잘 손질하면 누구나 성공 가능해요.

현실과 타협한 팔보채

닭가슴살육보채

3인분 기준

필수 재료
표고버섯(2개),
대파 흰부분(1대),
배추(3장),
빨간 파프리카($\frac{2}{3}$개),
청경채(1줌),
통조림 닭가슴살
(1캔=200g)

선택 재료
통조림 죽순(1줌)

양념
다진 마늘(1.5), 간장(2),
소금(약간)

녹말물
녹말가루(1)+물(4)

1

표고버섯, 죽순은 납작 썰고,
대파는 반 갈라 3cm 길이로 굵게 썰고,
배추, 파프리카는 한입 크기로 어슷 썰고,
청경채는 한 장씩 떼고,

2

끓는 물(5컵)에 대파를 제외한
채소를 3분간 데친 뒤
체에 밭쳐 물기를 빼고,

TIP!
식용유를 넉넉히 둘러
향을 내요.

3

중간 불로 달군 팬에 식용유(7)를 둘러
다진 마늘(1.5)과 대파를 볶고,

TIP!
통조림 닭가슴살은
국물까지 모두
사용해요.

4

대파가 노릇해지면 데친 채소와
닭가슴살을 넣어 2분간 볶다가
간장(2)을 섞고,

5

물($\frac{1}{2}$컵)을 붓고 소금(약간)으로 간하고,

TIP!
약간 걸쭉하면서
윤기가 돌도록 녹말물 양을
조절해요.

6

녹말물을 조금씩 부어가며 저어
농도를 맞춰 마무리.

1인분
365
Kcal
반끼 포인트
향긋한 깻잎을
두부치킨볶음에
올려 먹어요

친근한 중식풍 양념에 볶은 두부치킨을 양상추에 올려 크게 한입!
찹쌀가루를 넣으니 재료들이 어우러져 양상추에 소복이 담겨요.
단백질이 풍부해 밥 없이도 든든!
간이 세지 않고 식감도 다양하니 다이어트식이 지겨울 때 맛보세요

양상추 접시에 담아 먹어요

싸먹는 두부치킨볶음

2인분 기준

TIP!
소화 잘되고
부드러운 두부로
밥 없이도
든든하게!

필수 재료
부침용 두부($\frac{1}{2}$모=145g), 닭가슴살(1쪽), 대파(7cm), 찹쌀가루(0.5), 양상추($\frac{1}{6}$개)

선택 재료
홍고추(1개), 볶은 땅콩(4), 깻잎(3장)

밑간
소금(0.1), 후춧가루(0.1)

양념
올리브유(1)

양념장
물($\frac{1}{2}$컵)+간장(1.5)+굴소스(0.5)+물엿(0.5)+참기름(0.3)

TIP!
두부는
키친타월에 받쳐
물기를 빼요.

1

두부와 닭가슴살은
사방 1cm로 깍둑 썰어
밑간하고,

2

대파, 홍고추, 볶은 땅콩은
굵게 다지고, 깻잎은 채 썰고,

3

중간 불로 달군 팬에 올리브유(1)를 두르고
대파, 홍고추, 닭가슴살을 넣어
3분간 볶고,

TIP!
찹쌀물이
뭉치지 않도록
저어가며 부어요.

4

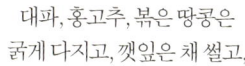

두부와 양념장을 넣어 끓어오르면
찹쌀물(찹쌀가루0.5+물1)을 넣어
국물이 자작해질 때까지 끓이고,

5

그릇에 옮겨 담은 뒤
다진 땅콩을 뿌리고 깻잎과
양상추를 곁들여 마무리.

홈메이드 소시지, 어렵지 않게 만들 수 있답니다.
닭가슴살을 곱게 갈고 통통하게 모양을 내서 찌기만 하면 끝!
촉촉한 육즙에 채소의 감칠맛이 어우러지고 청양고추를 넣어 끝맛도 개운해요.
달걀, 호밀빵, 샐러드를 곁들여 든든한 다이어트 브런치를 즐겨보세요

내가 만든 깔끔한 소시지

수제청양닭소시지

8개 분량

필수 재료
닭가슴살(3쪽=350g), 양파($\frac{1}{6}$개), 청양고추(1개)

반죽 재료
달걀흰자(1개 분량), 소금(0.1), 녹말가루(0.5), 맛술(1.5), 후춧가루(약간)

TIP!
믹서에 간 뒤 칼로 한 번 더 곱게 다져도 돼요.

1

닭가슴살은 푸드프로세서로 곱게 갈고,

TIP!
청양고추는 씨를 제거한 뒤 다져요.

2

양파와 청양고추는 곱게 다지고,

3

손질한 재료에 반죽 재료를 섞어 치대 소시지 반죽을 만들고,

4

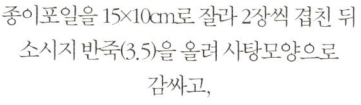

종이포일을 15×10cm로 잘라 2장씩 겹친 뒤 소시지 반죽(3.5)을 올려 사탕모양으로 감싸고,

TIP!
찐 소시지를 중간 불로 달군 팬에 식용유(0.5)를 두르고 노릇하게 구우면 더 맛있어요.

TIP!
남은 소시지는 식혀서 지퍼백에 담아 냉장해 2일, 냉동해 1개월간 보관 가능해요.

5

김이 오른 찜기에 20분간 쪄 마무리.

서양 자두를 말린 푸룬은 사과보다 식이섬유가 12배나 많아요.
푸룬의 건강한 달콤함에 마늘과 양파의 풍미가 솔솔~
담백한 닭고기와 궁합이 척척 맞아요.

자두소스가 맛의 결정타!

푸룬소스치킨스테이크

2인분 기준

TIP!
대형 마트 건과일 코너에서 구입하세요.

필수 재료
양파($\frac{1}{4}$개), 푸룬($\frac{1}{3}$컵), 닭다릿살(3쪽)

TIP!
퍽퍽하지 않은 다릿살을 사용했어요. 안심이나 가슴살도 좋아요.

밑간
소금(0.2), 후춧가루(0.1)

양념
다진 마늘(0.2), 간장(1.5), 맛술(1), 케첩(0.5)

TIP!
껍질 먼저 익혀야 기름기가 더 잘 빠져요.

1

양파와 푸룬은 잘게 다지고,

2

닭다릿살은 칼집을 어슷하게 넣어 밑간하고,

3

중간 불로 달군 팬에 식용유(0.7)를 두르고 껍질이 바닥에 가도록 올려 앞뒤로 노릇하게 구워 꺼내고,

TIP!
고기를 구웠던 팬에 소스를 만들면 감칠맛이 살아나요.

4

같은 팬에 양파와 푸룬을 넣어 4분간 볶은 뒤 물($1\frac{1}{2}$컵)을 붓고,

5

양념을 넣어 걸쭉해질 때까지 끓여 푸룬소스를 만들고 치킨스테이크에 곁들여 마무리.

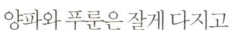

오리 기름은 몸에 좋다지만 먹다 보면 느끼할 때가 있죠?
찜통에 찌면 짠맛과 기름기가 쏙 빠져 더 담백하게 먹을 수 있어요.
새콤달콤한 무생채는 꼭 치킨무 같은 친근한 맛!
깻잎이나 양상추에 싸 먹어도 잘 어울려요.

치킨과 치킨무만큼 잘 어울려

훈제오리찜과 하얀무생채

2인분 기준

필수 재료
무(1토막),
훈제오리 슬라이스
(1팩=200g)

선택 재료
오이($\frac{1}{4}$개)

양념
소금(0.3),
식초(1.5),
매실액(2)

1

무와 오이는 채 썰고

2

무는 소금(0.2)을 넣어 10분간 절이고,

3

오이는 소금(0.1)을 넣어 5분간 절이고,

4

절인 채소는 물기를 짠 뒤
물(1), 식초(1.5), 매실액(2)을 넣어
버무리고,

5

훈제오리는 김이 오른 찜기에
5분간 찐 뒤 무생채를 곁들여 마무리.

하와이 요리인 깔루아포크를 돼지 안심으로 만들었어요.
냄비에 소화 잘되는 양배추와 파인애플을 깔고 불에 올리면 끝!
만드는 과정도 맛도 단순하고 물 없이 촉촉하게 쪄내요.
심심할 땐 파인애플 한입! 달달한 육즙이 터져요.

하와이에서 온 고기반찬

안심양배추찜

2인분 기준

TIP!
닭안심(200g)을 사용해도 좋아요.

필수 재료
양배추(4장), 파인애플 링(2쪽), 돼지고기 안심(200g)

밑간
허브가루(0.1), 간장(2), 맛술(1), 후춧가루(약간)

TIP!
결 반대로 썰어야 부드러워요.

1

양배추는 큼직하게 썰고,
파인애플은 한입 크기로 썰고,

2

돼지고기는 납작하게 썰고,

3

밑간에 5분간 재우고,

TIP!
고기가 뭉치지 않게 한 겹 씩!

4

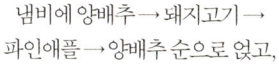

냄비에 양배추 → 돼지고기 →
파인애플 → 양배추 순으로 얹고,

5

뚜껑을 덮어 중약 불로 25분간
익혀 마무리.

고지방 다이어트의 식재료로 인기 좋은 삼겹살!
구이 대신 채소 듬뿍 넣은 스팀샤브샤브로 가볍게 즐겨보세요.
기름기 쪽 빠진 삼겹살과 익힌 채소, 양파소스가 삼합처럼 잘 어울리네요.
느끼하지 않아 먹고 나서도 속이 편해요.

이렇게 담백해도 되나요?

삼겹스팀샤브샤브

2인분 기준

필수 재료
대파($1\frac{1}{2}$대),
미나리(1줌),
숙주(2줌),
대패삼겹살(300g)

TIP!
두께가 얇아서
금방 익어요.

선택 재료
단호박($\frac{1}{6}$개),
팽이버섯(1줌)

양파소스
양파($\frac{1}{4}$개),
간장(2), 식초(1.5),
물(1), 꿀(1),
홀그레인머스터드(0.5)

1

양파는 곱게 채 썰어
찬물에 담갔다 건져 매운맛을 빼고,

2

나머지 양파소스 재료와 섞고,

3

대파는 길게 반 갈라
5cm 길이로 썰고,
단호박은 납작 썰고,

4

미나리는 3등분하고,
숙주는 지저분한 부분을 떼고,
팽이버섯은 밑동을 자르고,

5

찜기에 김이 오르면 대파 →
단호박 → 대패삼겹살 → 숙주 →
미나리 → 팽이버섯 순으로
올리고 뚜껑을 덮어 5~6분간 찌고,

6

모든 재료가 고루 익으면
접시에 옮겨 담고 양파소스를
곁들여 마무리.

1인분
239
Kcal

반끼 포인트

가지는 칼로리가 낮고 수분과 식이섬유는 가득해 다이어트에 딱 어울리는 식재료예요. 기름에 살짝 구웠을 때 맛과 식감이 살아나고 영양 흡수율도 높아진답니다.

손님상에 어울릴 법한 폼 나는 메뉴를 저염으로 착하게 만들었어요.
살짝 구워 달달하고 쫄깃해진 가지에 불고기를 가득 채우면 맛도 영양도 퍼펙트!
은은한 깻잎 향이 입안 가득 퍼지네요. 좀 허전하다면 현미밥을 곁들여도 좋아요.

불고기를 품은 가지

불고기가지말이

1인분 기준

TIP!
고기는 먹기 좋게 썰어 키친타월에 밭쳐 핏물을 빼 준비해요.

필수 재료
가지(1개), 깻잎(7장), 쇠고기 불고기용(150g)

선택 재료
표고버섯(2개)

양념장
간장(1.2)+ 청주(0.5)+ 다진 마늘(0.3)+ 올리고당(0.7)+ 참기름(0.3)+ 부순 참깨(0.3)+ 후춧가루(약간)

양념
소금(0.2), 후춧가루(약간)

TIP!
감자칼을 쓰면 편해요.

1

가지는 길고 얇게 썰고,

2

깻잎은 꼭지를 떼고, 표고버섯은 채 썰고,

3

볼에 쇠고기와 버섯, 양념장을 넣고 버무려 15분간 재우고,

TIP!
마르지 않도록 물을 조금씩 뿌려가며 구우세요.

4

중간 불로 달군 팬에 식용유(0.5)를 두른 뒤 가지를 앞뒤로 양념해 노릇하게 구워 꺼내고,

5

같은 팬에 식용유(0.7)를 두르고 불고기를 물기 없이 볶아 한 김 식히고,

6

깻잎 위에 볶은 고기를 올려 감싼 뒤 구운 가지로 돌돌 말아 마무리.

인삼이나 녹용과도 안 바꾼다는 부추를 쇠고기로 말았어요.
촉촉한 육즙에 알싸한 부추 향까지! 사각사각 씹는 맛도 정말 좋답니다.
알싸한 겨자초장 콕 찍어 먹으면 기분까지 상큼해요.

집에서 즐기는 맛집 메뉴

부추고기말이

2인분 기준

필수 재료
쇠고기
(불고기용 300g),
부추($1\frac{1}{2}$줌=100g)

겨자초장
설탕(1)+소금(약간)+
물(1)+식초(1)+
간장(0.5)+
연겨자(0.3)+
다진 마늘(0.3)+
참기름(0.2)

1

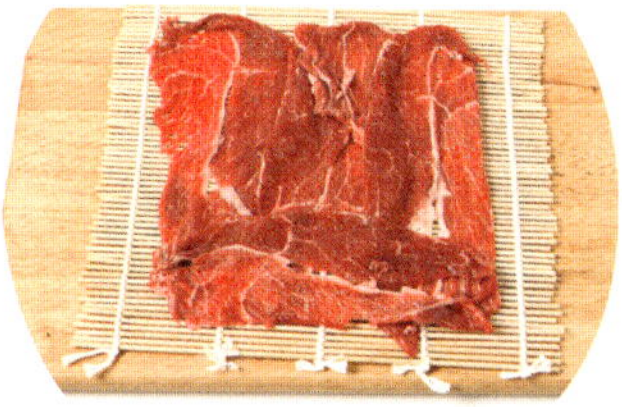

쇠고기는 김발 위에 가지런히 펴고,

2

부추를 길게 얹어 돌돌 말고,

3

5cm 길이로 자르고,

4

중간 불로 달군 팬에 식용유(1)를 둘러
고기말이를 굴려가며 노릇하게 굽고,

5

접시에 담아 겨자초장을 곁들여
마무리.

쌈채소 대신 제철 토마토에 싸 먹는 불고기예요.
불고기 양념 덕에 따로 드레싱을 곁들일 필요도 없고요.
만들긴 간단해도 맛과 비주얼은 근사해 손님 초대 요리로도 추천!
파채나 영양부추를 더해도 잘 어울려요.

다이어터 손님 올 때 써먹어요

불고기토마토쌈

2인분 기준

필수 재료
쇠고기
(불고기용 300g),
완숙토마토(2개),
양파($\frac{1}{8}$개), 쪽파(2대)

양념장
설탕(1)+간장(3)+
다진 대파(0.5)+
다진 마늘(0.3)+
참기름(0.3)+
후춧가루(약간)+
참깨(0.2)

1

쇠고기는 먹기 좋게 썰어
양념장에 재우고

2

토마토는 얇게 슬라이스하고,

3

양파는 굵게 다지고,
쪽파는 송송 썰고,

4

중간 불로 달군 팬에 식용유(0.5)를
둘러 불고기를 물기 없이 볶고,

5

토마토를 펼쳐 담고
불고기를 곁들인 뒤 양파와 쪽파를
뿌려 마무리.

만들긴 엄청 쉬운데 맛도 모양도 정갈하고 깔끔해서
괜히 뿌듯해지는 요리예요.
문어와 채소를 얇게 썰어내는 게 포인트!
사진 따라 스타일링하기도 쉽죠?

딱 이대로만 따라 하세요

자숙문어유자냉채

3인분 기준

필수 재료
적양파($\frac{1}{2}$개),
자숙문어(200g),
어린잎채소(1줌)

선택 재료
래디쉬(3개),
청오이($\frac{1}{2}$개)

유자청소스
유자청(2)+식초(5)+
간장(3)+청주(4)+
참치액(0.3)+
다시마육수(5)

TIP!
다시마육수는
다시마 1장을 찬물에
5분간 담가 우려내요.

1

유자청소스를 섞어 냉장실에 차게 두고,

2

적양파는 곱게 채 썰어
찬물에 담갔다 건지고,

3

래디쉬와 청오이는 동그란 모양으로
납작 썰고, 문어도 먹기 좋게 납작 썰고,

4

접시에 손질한 재료와 어린잎채소를 담고
유자청소스를 곁들여 마무리.

중금속을 배출하고 피를 맑게 하는 미역이라지만
늘상 미역국만 먹을 순 없잖아요.
톡 쏘는 겨자소스에 해산물과 채소를 함께 버무렸어요.
냉채처럼 상큼하네요.

상큼한 웰빙 반찬

미역해물무침

3인분 기준

필수 재료
마른 미역(1줌),
양파($\frac{1}{4}$개),
두 가지색 파프리카
($\frac{1}{2}$개씩),
오이($\frac{1}{4}$개),
오징어 몸통($\frac{1}{2}$마리),
칵테일새우(15마리)

양념
소금(0.5)

겨자소스
설탕(1)+
소금(0.4)+
식초(6)+
간장(1)+
연겨자(1)

1

미역은 찬물에 20분간 불리고
바락바락 주물러 씻어
물기를 짠 뒤 먹기 좋게 썰고,

2

양파, 파프리카는 채 썰고,
오이는 반 갈라 어슷 썰고,

3

오징어는 굵게 채 썰고,

4

끓는 소금물(소금0.5+물4컵)에
오징어, 새우를 40초간 데친 뒤
체에 밭쳐 물기를 빼고,

5

볼에 손질한 재료와 겨자소스를 넣고
고루 버무려 마무리.

1인분
454
Kcal

반끼 포인트

연어는 칼로리와 포화지방은 적고 단백질과 오메가-3 같은 필수 지방산이 풍부해 노화 예방과 피부 미용에 좋아요.

페루식 해산물 샐러드인 세비체예요.
신선한 해산물을 레몬즙에 재우면 육질은 탱탱해지고 새콤한 맛이 입맛을 돋운답니다.
비타민이 풍부해 다이어트 보양식으로 추천해요.

페루의 회무침

연어세비체

2인분 기준

필수 재료
오이($\frac{1}{3}$개),
토마토($\frac{1}{2}$개),
파프리카($\frac{1}{2}$개),
적양파($\frac{1}{3}$개),
슬라이스 훈제연어
(10쪽)

TIP!
데친 새우나 오징어,
생선회로 대신해도
좋아요.

레몬드레싱
소금(약간),
레몬즙($\frac{1}{2}$개 분량),
꿀(1), 올리브유(3)

TIP!
흰 양파를
사용해도 좋아요.

1

오이, 토마토, 파프리카는
작게 깍둑 썰고, 양파는 얇게 채 썰고,

2

적양파는 찬물에 5분간 담가
매운맛을 뺀 뒤 물기를 제거하고,

3

레몬드레싱을 만들고,

4

깍둑 썬 채소에 레몬드레싱을
넣어 버무리고,

5

TIP!
레몬이나 라임,
고수를 곁들여도
좋아요.

버무린 채소를 접시에 깔고
훈제연어와 양파채를 얹어 마무리.

고단백 저칼로리, 슈퍼푸드 연어를 더 맛있게 즐기는 방법!
마늘소스와 다진 아몬드를 발라 구워보세요.
은은한 마늘향이 비린내를 잡고 아몬드가 고소하게 씹는 맛을 더한답니다.
오이샐러드는 요거트드레싱에 버무려 칼로리 걱정까지 덜었어요.

슈퍼푸드의 콜라보레이션

연어마늘구이

2인분 기준

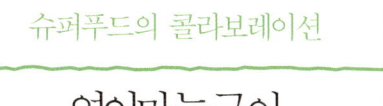

필수 재료
아몬드($\frac{1}{2}$줌),
청오이($\frac{1}{2}$개),
적양파($\frac{1}{4}$개),
연어(구이용 350g)

마늘소스
다진 마늘(1),
올리브유(3),
소금(약간),
후춧가루(약간)

요거트드레싱
그릭요거트(1팩=85g),
레몬즙($\frac{1}{4}$개 분량),
소금(약간),
후춧가루(약간)

1

아몬드는 다지고,
오이와 적양파는 채 썰고,

2

마늘소스에 다진 아몬드를 섞고,

TIP!
마늘의 향과 간이 배도록
3~5분 정도 두어요.

3

연어 살 쪽에 마늘소스를 고루 바르고,

TIP!
기름기가 많은
껍질 쪽부터 구우면
따로 식용유를 두르지
않아도 돼요.

4

팬에 종이포일을 깔고 중간 불로 달궈
연어를 앞뒤로 노릇하게 굽고,

5

요거트드레싱에 오이와 적양파를 넣어
버무린 뒤 연어구이에 곁들여 마무리.

1인분
512
Kcal
반찌 포인트
아보카도는
과일 중 지방 함량이
가장 높아요. 비타민, 미네랄은
물론, 칼륨이 풍부해
체내 나트륨을 배출하는 데
도움이 돼요.

건강한 지방으로 가득 채운 한 접시예요.
슈퍼푸드 아보카도, 아몬드, 연어가 만났어요!
고소한 아몬드 옷 입은 연어에 구운 아보카도를 소스처럼 발라 먹기도 좋고요.
밥이나 면이 없어도 든든한 한 끼 식사로 충분하답니다.

착한 지방으로 꽉 채운

아보카도달걀구이와 아몬드크러스트연어

2인분 기준

필수 재료
스테이크용 연어(1쪽=180g), 아보카도(1개), 달걀(2개)

아몬드크러스트 재료
아몬드($\frac{1}{2}$줌), 참깨(1), 검은깨(0.7), 소금(0.1), 올리브유(1)

밑간
소금(0.1), 후춧가루(0.1)

1

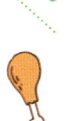

아몬드는 푸드프로세서에 곱게 갈아 나머지 아몬드크러스트 재료와 섞고,

2

연어는 껍질을 벗겨내고 길게 2cm 두께로 썰어 밑간한 뒤 아몬드크러스트를 입히고,

3

아보카도는 중앙을 갈라 씨를 빼고,

TIP! 아보카도가 중심을 잡지 못하면 밑에 굵은 소금을 깔고 그 위에 올려요.

4

숟가락으로 가운데를 파 달걀을 깨 넣고,

5

오븐 팬에 연어와 아보카도를 올린 뒤 겉이 마르지 않게 식용유(0.5)를 뿌리고,

6

190℃로 예열한 오븐에 15분간 구워 마무리.

이름은 거창해도 만들기는 간단하답니다.
종이포일에 연어와 채소를 넣어 단단히 감싸고 전자레인지에 5분만 돌리면 끝!
재료 자체의 수분으로 익히니 맛과 영양은 그대로.
뒤집지 않아 모양이 망가질 염려도 없어요. 연어 대신 대하를 써도 맛있어요.

불판 대신 전자레인지로!

연어파피요트

2인분 기준

필수 재료
스테이크용 연어(1쪽=250g), 단호박($\frac{1}{8}$통), 레몬($\frac{1}{2}$개), 양파($\frac{1}{2}$개), 셀러리(1대)

TIP! 당근, 감자, 대파 등 냉장실 속 다양한 자투리 채소를 활용하세요.

선택 재료
파프리카($\frac{1}{3}$개)

밑간
로즈마리(1줄기), 소금(0.2), 후춧가루(0.1), 올리브유(2)

TIP! 로즈마리는 큼직하게 뜯어요.

양념
소금(약간), 화이트와인(1.5)

TIP! 와인 대신 청주나 맛술, 소주를 사용해도 좋아요.

1

연어는 밑간하고,

2

단호박과 레몬은 납작 썰고, 나머지 채소는 큼직하게 썰고,

3

종이포일 위에 레몬을 제외한 채소를 올린 뒤 소금(약간)을 뿌리고,

4

채소 위에 밑간한 연어와 레몬을 올리고 종이포일을 세로로 반 접은 뒤 위아래 가장자리를 접어 막고,

5

벌어진 한쪽 면에 화이트와인(1.5)을 넣은 뒤 열이 새나가지 않도록 가장자리를 빈틈없이 돌돌 말아 접고,

6

TIP! 180℃로 예열한 오븐에 20분간 구워도 좋아요.

TIP! 먹기 직전에 열어야 향이 날아가지 않아요.

종이포일째 접시에 올려 전자레인지에 2분→3분 간격으로 돌려 꺼낸 뒤 먹기 직전에 위쪽에 칼집을 넣고 벌려 마무리.

1인분
534
Kcal
반끼 포인트
고등어는 대표적인
등푸른생선으로
불포화지방산인 오메가-3
함량이 높아 동맥경화,
고혈압 등 심혈관 질환을
예방해요.

밥반찬으로만 먹던 고등어가 근사한 메인요리로 변신했어요.
바삭한 껍질에 담백하고 촉촉한 속살까지!
청양고추 송송 썰어 넣은 마요소스는 비린내를 잡아주고요.
구운 채소까지 곁들이면 칼질하며 분위기 내기도 좋답니다.

스테이크처럼 즐기는

청양마요고등어구이

1인분 기준

필수 재료
손질한 고등어(1마리)

선택 재료
미니 아스파라거스(2대),
미니 파프리카(2개)

밑간
소금(0.1),
후춧가루(0.1),
허브가루(0.2),
레몬즙(1)

TIP!
레몬즙은 고등어의 비린내를 줄이고 살을 단단하게 해요.

청양마요소스
청양고추(1개),
간장(0.2),
올리고당(0.5),
올리브유(1),
하프 마요네즈(1)

양념
소금(0.1)

1

고등어는 가장자리를 깔끔하게 정리한 뒤 남아 있는 가시를 뽑고,

2

키친타월로 가볍게 닦아내 밑간하고,

3

아스파라거스는 2등분하고, 파프리카는 먹기 좋게 썰고,

4

청양고추는 반으로 갈라 씨를 빼 송송 썰어 나머지 청양마요소스 재료와 섞고,

5

TIP!
살짝만 볶아 채소의 아삭함을 살려요.

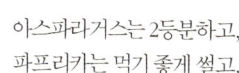

중간 불로 달군 팬에 식용유(0.5)를 두르고 아스파라거스와 파프리카를 소금(0.1)을 뿌려가며 재빨리 볶아 꺼내고,

6

같은 팬에 식용유(1)를 두르고 고등어를 껍질 쪽부터 구워 노릇해지면 뒤집어 1~2분간 더 굽고 모든 재료를 그릇에 담아 마무리.

Calory's
BUTTER
FLAVORING
1인분
196
Kcal
반끼 포인트
오징어는 100g당 87kcal!
질 좋은 단백질과
타우린이 풍부해
피로회복에 좋아요.
7~11월에 가장 많이 잡히고
맛도 가을이 가장 좋아요.

양질의 단백질로만 이루어진 오징어의 몸통은
걸그룹의 다이어트 식재료로도 알려져 있죠.
센 불에 오징어를 잽싸게 볶고 양념은 한결 가볍게!
촉촉한 토마토와 향긋한 미나리로 입가심까지 완벽해요

불맛 살리고 양념 줄이고

오징어토마토볶음

1인분 기준

필수 재료
토마토(1개),
오징어 몸통(1마리)

선택 재료
미나리(4줄기),
홍고추($\frac{1}{2}$개)

양념장
고춧가루(1)+
간장(0.7)+
올리고당(0.5)

밑간
다진 마늘(0.5), 청주(1),
후춧가루(0.1)

1

양념장은 고루 섞고,

2

토마토는 한입 크기로 썰고,
미나리는 5cm 길이로 자르고,
홍고추는 어슷 썰고,

TIP!
파채 칼로 쉽게
칼집을 내요!

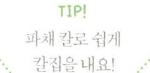

3

오징어는 껍질을 벗겨 몸통 안쪽에
칼집을 가로로 촘촘하게 넣어
막대 모양으로 썰고,

4

오징어를 밑간하고,

5

센 불로 달군 팬에 식용유(1)를
두른 뒤 오징어를 넣어 하얗게
변할 때까지 볶고,

TIP!
토마토를 기름에 볶으면
영양 흡수가 잘돼요.

6

토마토와 양념장을 넣고
중간 불로 2분간 볶은 뒤
불을 끄고 미나리와 홍고추를
넣어 잔열로 볶아 마무리.

닭가슴살을 알면, 다이어트 백전백승!

새해를 맞아, 여름을 맞아 분기마다 반복되는 다이어트 결심!
다이어트 식단에 빠질 수 없는 닭가슴살에 숙성의 마법을 더했어요.
원하는 양념에 버무려 냉동했다가 언제든 꺼내 구워 먹으면 돼요.
퍽퍽함은 찾아볼 수 없고요. 다양한 맛으로 즐기니 질리지도 않아요.

꼼꼼한 손질&만능 조리법

1 **닭가슴살 손질**

닭가슴살이 너무 크거나 두껍다면 먹기 좋게 등분해요. 여러 개를 함께 조리할 땐 크기와 두께를 비슷하게 맞추는 것이 좋아요.

2 **마리네이드**

지퍼백에 닭가슴살과 양념을 함께 넣고 버무린 뒤
납작하게 펼쳐 차곡차곡 냉동하면 3개월까지 보관 가능!
미리 양념하니 육질도 부드러워지고 소스가 없어도 간이 딱 맞네요.

3 **팬으로 조리**

중간 불로 달군 팬에 식용유(약간)를 두르고 닭가슴살을 올려 3분, 뒤집어 3분을 구워요. 뚜껑을 덮고 중약 불로 줄인 뒤 속까지 천천히 익혀요.

TIP!
팬이나 오븐 중에서
편한 방법을 선택하세요.

4 **오븐으로 조리**

닭가슴살을 오븐 팬에 올려 200℃로 예열한
오븐에서 10분, 뒤집어서 10분, 총 20분간 구워요.

5가지 닭가슴살 마리네이드

레몬진저치킨

레몬주스(0.7)+올리브유(2)+생강즙(0.7)+소금(약간)+ 크러시드페퍼(0.3)

고수라임치킨

올리브유(2)+라임즙(2)+다진 마늘(2)+꿀(1.3)+소금(약간)+다진 고수($\frac{1}{2}$컵)

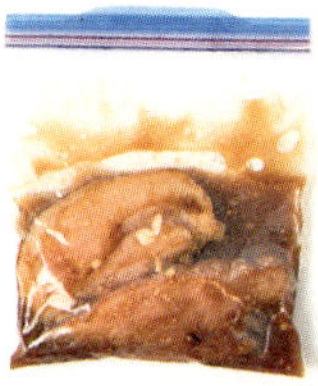

소이갈릭치킨

올리브유(2)+간장(2)+다진 마늘(2)+물($\frac{1}{4}$컵)+꿀($\frac{1}{4}$컵)

커리요거트치킨

황설탕(0.3)+카레가루(0.7)+라임즙(0.7)+그릭요거트($\frac{1}{4}$컵)+소금(약간)

스위트칠리치킨

간장(3)+물($\frac{1}{3}$컵)+스위트칠리소스($\frac{1}{2}$컵)

닭가슴살 해동 TIP

지퍼백 채로 냉장실에 반나절 정도 두거나 찬물에 넣어 2시간 정도 해동하면 돼요. 바로 먹을 건 냉장실에서 최소 2시간, 최대 24시간까지 두었다가 구워요.

닭가슴살 육즙 살리는 TIP

조리된 닭가슴살은 실온에 5~10분 정도 그대로 두었다가 썰어요. 이 과정이 바로 레스팅인데요. 한군데 모여 있던 육즙이 레스팅 과정을 거치며 고루 퍼져 더 촉촉하답니다. 바로 먹을 건 냉장실에서 최소 2시간, 최대 24시간까지 두었다가 구워요.

Part 5

내 몸을 위한
드링크&디저트

무심코 입에 넣던 영양 zero 가공식품은 그만!

후식, 간식은 물론 아침대용으로 좋은 드링크까지 다양하게 준비했어요.

건강한 홈메이드 디저트로 마지막 군살까지 남김없이~

1인분 227 Kcal

반찌 포인트

빈혈에 좋은 뿌리채소 비트! 단맛을 내는 자당이 두뇌 활동을 도와 아침에 먹으면 더 좋아요. 칼륨, 비타민 등의 영양소도 풍부하답니다. 한 번에 많이 먹으면 명현현상이 있기도 하니, 한 컵씩만 드세요.

과일과 채소만으로도 든든한 스무디볼을 만들었어요.
몸에 좋은 비트로 쨍쨍한 색을 내고 바나나를 듬뿍 넣어 맛도 친숙하답니다.
시리얼, 호박씨, 견과류 등 취향껏 맛과 영양을 더해보세요.
아침 대용으로 딱이에요.

눈은 즐겁고, 배는 부르고

비트스무디볼

2인분 기준

필수 재료
바나나(2개),
비트($\frac{1}{4}$개=60g),
플레인 요거트($1\frac{1}{2}$컵),
얼음(5개)

선택 재료
레몬즙(1.5),
꿀(1)

토핑
그래놀라(1줌),
블루베리(약간),
납작 썬 바나나($\frac{1}{2}$개)

1

바나나는 껍질을 벗겨 납작 썬 뒤
냉동실에 반나절 정도 얼리고,

2

감자칼로 비트의 껍질을 얇게 벗기고,

3

도마가 물들지 않도록 종이포일을 깐 뒤
반으로 자른 비트를 깍둑 썰고,

4

믹서에 얼린 바나나, 비트, 요거트,
얼음(5개), 레몬즙(1.5), 꿀(1)을 넣어
곱게 갈고,

5

볼에 담은 뒤 토핑을 얹어 마무리.

반끼 포인트

콩의 사포닌 성분 때문에
끓으면서 거품이 발생해요.
이 성분은 항암작용,
지방분해에 좋으니
걷어내지 않아도 돼요.

10가지가 넘는 첨가물이 들어 있는 시판 두유.
콜라와 당도가 비슷하다는 사실, 알고 계셨나요?
고소하고 깊은 맛에 자꾸 찾게 되는
건강한 홈메이드 두유를 직접 만들어보세요

아이와 남편을 위한 웰빙 레시피

홈메이드 두유

1L 분량

필수 재료
백태(200g)

TIP!
검은콩도 OK!

TIP!
뚜껑을 열고
삶아야 콩 비린내가
나지 않아요.

1

콩은 가볍게 2~3번 헹군 뒤
콩의 2배 분량의 물을 넣어
10시간 정도 불리고

2

냄비에 물(4컵)을 붓고 끓어오르면
불린 콩을 넣어 거품이 올라오면
중간 불에서 10분간 더 삶고,

TIP!
콩 껍질엔
식이섬유가 듬뿍!
함께 갈아 먹으면
더 좋아요.

3

한 김 식혀 믹서에 곱게 갈고,

TIP!
취향에 따라 꿀을
섞어 드세요.

TIP!
두유는 냉장 보관해 3일 내에 드세요.
콩을 한 번에 많이 삶아
냉동한 다음 그때그때 해동해서
갈아 먹어도 좋아요.

4

면포에 걸러 마무리.

1회 분량
269
Kcal
반끼 포인트
냉장 보관해
5일 내로 드세요.

유산균이 많아 장 건강에 좋은 요거트, 요즘은 집에서도 많이 만들잖아요.
순수한 맛에 시판 제품처럼 달지 않고 연두부 같은 보드라운 식감까지!
장 건강은 물론 면역력도 키워줘요.

유산균 품은 순백의 천사

수제요거트

900ml 분량

TIP!
우유는 실온에 30분간 꺼내두거나 전자레인지에 1분간 돌려 준비하세요.

필수 재료
우유($3\frac{1}{2}$컵), 마시는 발효요구르트(1병=150㎖)

토핑 재료
바나나(약간), 견과류(약간)

TIP!
취향에 따라 다른 재료도 Ok!

1

우유($3\frac{1}{2}$컵)와 마시는 발효요구르트를 섞고,

2

나무숟가락으로 가볍게 저은 뒤 랩을 씌우고,

3

전기밥솥에 행주를 깔고 볼을 올린 뒤 미지근한 물을 볼 높이의 절반 만큼 붓고,

TIP!
중간에 뚜껑을 열지 않아요.

4

50분간 보온한 뒤 전원을 끄고 6~8시간 정도 둔 다음 냉장실에 넣어 차갑게 식히고,

5

먹을 만큼 그릇에 담고 토핑 재료를 얹어서 마무리.

요즘 한창 맛있는 오렌지에 독특한 식감을 더한 잼이에요.
탱글거리는 치아시드가 씹을 때마다 톡톡 터지네요.
빵에 발라 먹어도 맛있고 요거트에 섞어도 잘 어울려요.

오묘한 식감이 꿀잼!

치아시드오렌지잼

2컵 분량

TIP!
오렌지가 덜 달면 파인애플, 망고 등 단맛이 강한 과일을 반씩 섞어 만드세요.

필수 재료
오렌지(2개), 레몬($\frac{1}{2}$개), 치아시드(2)

선택 재료
꿀(2)

TIP!
대신 아가베시럽을 사용해도 좋아요.

1

오렌지는 껍질을 벗겨 큼직하게 썰어 믹서에 굵게 갈고,

TIP!
거품을 걷어가며 끓여요.

2

냄비에 담아 중간 불로 끓이고,

3

끓어오르면 레몬을 짜 넣어 4분간 저어가며 끓이고,

TIP!
식으면 더 걸쭉해져요!

4

치아시드(2)를 넣어 농도가 걸쭉해질 때까지 끓인 뒤 불을 끄고 꿀(2)을 넣어 고루 섞고,

TIP!
냉장실에 두고 일주일 내로 드세요.

5

뜨거울 때 소독한 병에 담고 뚜껑을 덮어 뒤집은 뒤 식으면 냉장 보관해 마무리.

커피는 잠시 내려놓고 말린 라임과 레몬, 오렌지를 듬뿍~
비타민 가득한 디톡스워터로 피부에 생기를 불어넣어 보세요.
몸 안에 쌓인 노폐물 배출은 덤!
말린 과일은 밀폐용기에 담아 냉장 보관해요.

봄에 즐기는 천연 비타민

디톡스워터

20회 분량

필수 재료
오렌지(2개), 자몽(1개), 레몬(2개), 라임(2개), 베이킹소다(2)

양념
소금(0.3)

1

과일은 흐르는 물에 헹군 뒤 베이킹소다(2)를 묻혀 깨끗이 씻고,

2

끓는 소금물(물4컵+소금0.3)에 10초씩 담갔다 건지고,

3

물기를 닦아내 0.3cm 두께로 썰고,

4

오븐 건조망에 겹치지 않도록 얹어 오븐 건조기능 또는 100℃에서 2시간 건조하고,

5

미지근한 물이나 탄산수에 말린 과일을 넣어 마무리.

이미 아는 맛이지만 식사 중간에 곁들이면 훨씬 더 상큼하고 시원해요.
카페에서 한 잔 값으로 가족들 모두 즐길 수 있어요

상큼함이 필요할 때

한라봉에이드

600ml 분량

필수 재료
한라봉(3개),
베이킹소다(2),
설탕($1\frac{1}{2}$컵),
탄산수(1병=350ml)

선택재료
얼음($\frac{1}{2}$컵)

TIP!
껍질에 묻은 화학성분을
제거해요.

1

한라봉은 베이킹소다(2)로 문질러 씻고,

TIP!
붙어 있는 흰 막을
잘라내면 과육이
더 부드럽게 씹혀요.

2

껍질을 벗긴 뒤 먹기 좋게 썰고,

3

볼에 과육과 설탕($1\frac{1}{2}$컵)을 넣어
설탕이 녹을 때까지 젓고,

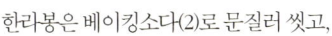

TIP!
한라봉청이 남았다면
열탕 소독한 유리병에 담아두세요.
1주일에서 미개봉시 최대 3주까지
냉장 보관이 가능해요.

4

과육, 탄산수, 얼음을 넣고
고루 섞어 마무리.

시판 아이스크림보다 훨씬 건강하게!
과일을 갈아 넣어 자연스러운 단맛에 첨가물도 없어 안심이에요.
하루 이상 꽝꽝 얼려야 잘 녹지 않아요.

건강미 넘치는 여름 간식

오렌지망고바

7개 분량

필수 재료
오렌지주스(1$\frac{2}{3}$컵),
냉동 망고(2컵)

선택 재료
골드키위(2개)

TIP!
수박, 파인애플,
키위를 써도 맛있어요.

1

키위는 껍질을 벗겨 납작 썰고,

2

믹서에 오렌지주스와
냉동 망고를 곱게 갈고,

3

아이스크림 틀 벽면에 키위를 붙이고
간 재료를 채우고,

4

아이스크림 틀에 막대를 꽂고,

5

냉동실에서 하루 이상 얼려 마무리.

이건 무늬만 수박바가 아니에요.
수박을 그대로 갈아 맛과 향이 제대로 살아 있거든요.
키위로 초록색을 더하면 모양까지 수박 그 자체!

맛도 모양도 진짜 수박

리얼수박바

6개 분량

필수 재료
수박(3컵),
키위(2개)

양념
꿀(1),
레몬즙(0.5)

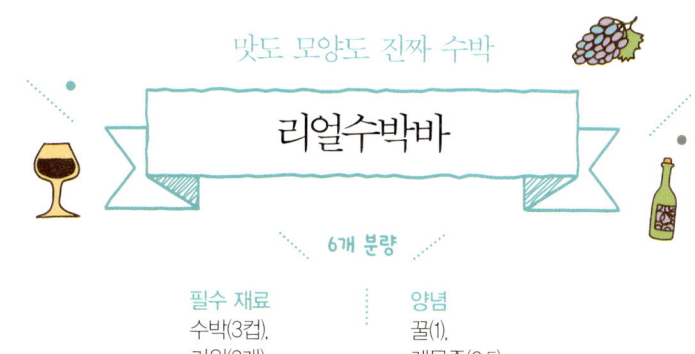

TIP!
키위씨가
갈리지 않도록
믹서에 가볍게 갈아도
좋아요.

TIP!
수박의 당도에 따라
꿀의 양을 조절해요.

1

수박은 한입 크기로 잘라 씨를 빼고,

2

키위는 껍질을 벗겨 포크로 곱게 으깨고,

3

믹서에 수박, 꿀(1), 레몬즙(0.5)을 넣어 곱게 갈고,

TIP!
너무 짧게 얼리면
키위가 가라앉고,
너무 오래 얼리면
아이스크림 막대가
안 들어가요.

4

아이스크림 틀에 수박 간 것을 80% 정도 담고,

5

1시간 정도 얼린 뒤 으깬 키위를 얹고,

6

아이스크림 막대를 꽂아 3~4시간 정도 더 얼려 마무리.

시원한 수박빙수 한 그릇 하세요~!
수박우유만 미리 얼려두었다가
그때그때 수박 과육만 툭툭 얹어주면 된답니다.
팥빙수보다 훨씬 시원하고 깔끔한 느낌이에요.

박수 치고 싶은 디저트

수박빙수

2인분 기준

TIP!
우유 대신
물을 사용해도 돼요.

필수 재료
잘라놓은 수박(2컵),
우유(3컵),
연유(적당량)

TIP!
씨를 빼지 않았다면
체에 걸러주세요

1

잘라놓은 수박(1컵)과
우유를 믹서에 갈고,

2

지퍼백에 담아 냉동실에
8시간 이상 얼리고,

TIP!
빙수기가 없으면
방망이로 두드려
부숴요.

3

수박의 속을 스쿱으로 동그랗게 퍼내고,

4

얼린 수박우유를 빙수기로 곱게 갈아
그릇에 담고 수박(1컵)을 얹은 뒤
연유를 뿌려 마무리.

토마토 좋아하시는 분들은 주목!
냉장고에 쟁여두는 상큼한 디저트랍니다.
탱글탱글하기보다는 푸딩처럼 부드러운 질감이고요.
맛이 깔끔해서 아침 대용이나 간식으로도 좋아요.

상큼한 피로회복제

토마토젤리

4인분 기준

필수 재료
판젤라틴(4장),
토마토(4개)

양념
설탕(3),
레몬즙(2)

TIP!
토마토의 당도에 따라
설탕 양을 조절하세요.

판젤라틴은 찬물에 담가 불리고,

토마토는 꼭지 반대편에 + 모양으로
칼집을 넣어 끓는 물에 데친 뒤
껍질을 벗기고,

TIP!
속씨를 빼야 색도
모양도 예뻐요.

반을 잘라 속씨를 파낸 뒤 설탕(3),
물($\frac{2}{3}$컵)을 넣어 믹서에 곱게 갈고

젤라틴은 물기를 짜
전자레인지에 20초간 돌리고,

토마토주스는 냄비에 옮겨
중간 불에서 끓어오르면
불을 꺼 레몬즙(2)을 섞은 뒤
불린 젤라틴을 섞고,

용기에 부어 냉장실에서 6시간 이상
굳혀 마무리.

이건 꼭 맛보세요.
토마토가 이렇게 맛있었나 할 거예요.
특유의 신맛은 어디 가고 부드럽고 은은한 단맛만 남아요.

대세인 이유가 있네!

방울토마토매실청절임

600ml 분량

필수 재료
방울토마토(20개),
식초(2),
매실청(2컵)

1

방울토마토는 흐르는 물에
씻은 뒤 식촛물(물4컵+식초2)에
3분간 두었다 헹구고,

2

꼭지 반대편에 + 모양으로
칼집을 넣고,

3

껍질이 벌어질 때까지
끓는 물에 살짝 데쳐 찬물에
헹군 뒤 껍질을 벗기고,

4

TIP!
냉장실에서 3시간
지난 뒤 드세요. 5일 정도
보관이 가능해요.

물기를 뺀 뒤 용기에 담고
잠길 만큼 매실청을 부어 마무리.

1회 분량
61
Kcal
반끼 포인트
과일 당도에 따라
시럽 양을
조절하세요.

아이스크림이 무겁고 텁텁하게 느껴진다면
시원하고 상큼한 과일 셔벗이 제격이에요.
필요한 재료는 딱 세 가지.
과일 넉넉하게 장봐온 날 미리 얼려두고 그때그때 조금씩 만들어 드세요.

시판과 비교하지 마세요

3가지 재료로 만드는 과일서벗

4인분 기준

필수 재료
과일(200g),
메이플시럽 또는
아가베시럽(3),
레몬즙($\frac{1}{2}$개 분량)

1

과일은 껍질을 벗겨
작게 사각 썰고,

2

지퍼백이나 트레이에
겹쳐지지 않게 펼쳐
하루 이상 얼리고,

3

얼린 과일을 푸드프로세서에 넣고
시럽을 조금씩 넣어가며 갈고,

4

페이스트 상태가 될 정도로
농도를 맞추고,

5

레몬즙을 넣고
한 번 더 갈아 마무리.

방심은 금물!
7가지 다이어트 건강간식

식사는 소식해도 무심코 먹는 간식 앞에 말짱 도루묵이 될 수 있어요.
부담 없고, 영양가 높은 재료들만 조합한 7가지 다이어트 건강간식!
물론 많이 먹어도 괜찮다고 보장할 순 없지만 식사 사이의 공복을 달래기에 제격이에요.

탄산음료는 No! 깔끔한 곡물차

다이어트에 탄산음료는 그야말로 적!
탄산음료를 마시면 막힌 속이 뻥 뚫리는 순간적인 개운함은 있지만,
설탕이나 인공 감미료가 다량으로 들어 있어 건강에는 치명적이에요.
대신 곡물로 진하게 우려낸 차를 마시는 습관을 들여보세요.
집에서 직접 만들기 힘들다면 시중에 다양한 곡물을 우린 갖가지
차 종류가 많으니 선택해보세요. 여러 음료 중 무엇을 골라야할지 고민된다면
칼로리 걱정 없이 수시로 마실 수 있고, 눈 건강에도 도움이 되는 결명자를 추천해요.

뻥튀기과일카나페

카나페를 만들 때 빵이나 크래커 대신 뻥튀기를 사용하면 칼로리도 부담 없고
맛은 더 담백해요. 과일, 채소, 훈제 연어, 치즈 등 토핑은 내 맘대로!
초콜릿이나 캐러멜 같은 살찌는 재료는 웬만하면 피해주세요.

병아리콩스낵

병아리콩은 단백질과 칼슘, 식이섬유는 풍부하고 칼로리는 낮아
다이어트에 효과 만점! 간식으로 즐길 땐 바삭하게 과자처럼 구워보세요.
불리고 삶는 과정이 번거롭다면 통조림을 사용해도 되고
시즈닝에 따라 맛도 무궁무진하답니다.

How to make

1 병아리콩(2컵)을 반나절 정도 불린 뒤 완전히 잠길 정도의 물을 부어 30분간 삶고,
2 체에 밭쳐 물기를 완전히 빼고 오븐팬에 넓게 펼친 뒤
200℃로 예열한 오븐에 30~40분간 굽고,
3 한 김 식혀 소금(약간), 후춧가루(약간), 올리브유(2)에 버무려 마무리.

사과+땅콩버터

외국에서는 사과쿠키라고 부르는 조합이에요. 아삭아삭 상큼한 사과와 고소한 땅콩버터가 의외로 잘 어울린답니다.
땅콩버터가 사과에 부족한 단백질을 채워주니 영양도 빈틈이 없고 포만감도 오래가요. 사과 $\frac{1}{4}$개당 땅콩버터 1순가락 정도가 적당해요.

전자레인지 채소칩

감자, 단호박, 고구마같이 수분이 적고 단단한 채소를 1~2mm 두께로 얇게 썰어 물기를 완전히 제거하고 접시에 넓게 펼쳐요. 전자레인지에 5~6분 돌린 뒤 식히면 바삭함은 그대로, 칼로리는 확 줄어든 채소칩이 완성된답니다. 중간중간 뒤집어가며 수분이 완전히 날아갈 때까지 돌리는 게 포인트예요.

과일요거트아이스

아이스크림이 생각날 땐 얼린 과일로 대신하세요. 과일의 달콤함은 그대로, 서걱서걱한 식감이 꼭 셔벗을 먹는 것 같답니다.

How to make

1 플레인 요거트와 꿀, 말린 과일을 섞고 유산지를 깐 쟁반에 넓게 펼친 뒤 초코칩, 코코넛롱, 딸기 등을 뿌려 완전히 얼린 뒤 먹기 좋은 크기로 썰어요.

2 작은 머핀틀에 그래놀라, 과일맛 요거트 순으로 담고 과일로 장식해 얼려요. 얼리기 전 플레인 요거트로 과일 표면을 코팅하면 맛과 비주얼이 업그레이드! 최소 4시간 이상은 얼려주세요.

3 꼬치에 끼우면 아이스바처럼 먹기도 좋아요.

굽지 않은 에너지볼

운동 후 에너지를 보충해주는 영양 간식이에요. 구울 필요 없이 재료를 모두 섞어 동글동글 뭉쳐주기만 하면 된답니다.

How to make

볼에 땅콩버터($\frac{1}{2}$컵), 꿀($\frac{1}{4}$컵), 오트밀(1$\frac{1}{2}$컵), 코코넛롱($\frac{2}{3}$컵), 초코칩(6)을 섞은 뒤 한입 크기로 동그랗게 뭉쳐 냉장 보관해요. 좋아하는 견과류나 말린 과일을 더해도 좋아요.

Index